なぜ、アメーラトマトは
スペインで最も高く売れるのか

世界で勝つ ブランド をつくる

岩崎邦彦

日本経済新聞出版

はじめに

ブランドづくりに国境はない

ブランドには、人を引きつける不思議な力がある。

ここに、まったく同じ品質、同じ価格の2足のスニーカーがあると仮定しよう。一方のスニーカーには、「ＮＩＫＥ」と書いてあり、もう一方には、「ＭＩＫＥ」と書いてある。さて、あなたは、どちらを選ぶだろうか。

全国の消費者に聞いたところ、１０００人中９４１人（94％）が「ＮＩＫＥ」を選択した。

そう、まったく同じ品質や価格だったとしても、選ばれるものと選ばれないものがあるということだ。選ばれるのは、強いブランドである。

「Ｎ」と「Ｍ」のわずか1字の違いで、94対6の差が生まれる。これがブランドの力だ。

アメリカ人にも同じ調査を行ってみた。結果は、日本の調査とほぼ同様だ。回答者

500人中451人（90％）の回答者が「NIKE」を選択した。強いブランドに国境はないということだろう。

ブランドの力は、世界共通だ。

世界へ目を向けよう

今後、日本の人口が減少し、国内マーケットのさらなる縮小が予想される中で、企業が成長をするためには、大きく二つの方向性が考えられる。

第一は、付加価値の向上である。すなわち、人口や顧客数といった量の減少を量の増加でカバーするのではなく、質の向上でカバーしようという発想だ。顧客数が減るなら、いかに高付加価値化し、顧客単価を上げるかに知恵を絞る。

第二は、海外へのマーケット拡大である。日本の顧客が減るのであれば、海外の顧客に日本発の価値を届けようという発想だ。今日、海外展開によるマーケット拡大は、企業規模にかかわらず関心が高まっている。


とはいえ、「日本の人口が減るから、海外だ」「日本で売れなくなったから、海外で売ろう」「他社がやっているから、自社も海外展開しよう」「ためしに、海外で売ってみよう」

といった短絡的な発想では、海外展開はうまくいかないだろう。

世界で選ばれるキーワードはブランド

海外への進出は、言葉を換えれば、競争相手が国内から世界に広がること、今よりもさらに厳しい競争環境にさらされるということを意味する。

そのような熾烈な競争環境の中で、自社が海外の消費者に選ばれるためのキーワードは何だろうか。

それが本書のテーマであるブランドだ。

ブランドは、消費者を引きつける最強の武器となる。

海外で強いブランドをつくることができれば、付加価値の向上と海外へのマーケット拡大のいずれも達成することが可能になるはずだ。

「小さな会社だから、海外でのブランドづくりはできない」

「地方の会社だから、海外でのブランドづくりは困難だ」

地域の中小企業から、このような言葉を聞くことがある。かつては、企業の海外展開は、大企業や東京経由の話だったかもしれない。
だが、今は違う。

小さな企業が直接海外とつながる時代

私の手元にある全国各地の元気な中小企業の資料を見てみると、その多くが海外とつながっていることに驚く。多くは、単なる海外での市場調査、販路開拓段階の先を行く企業だ。
いくつかピックアップしよう。

「輸出先の国・地域は40を超え、海外シェア3割を誇る」
「コア技術により、世界トップのシェアを獲得」
「M&Aを通じてシンガポールや中国等のアジア市場に進出」
「海外10数カ国に代理店・販売店を設ける」
「アメリカ・スペイン・スイス・シンガポールに日本酒を輸出」
「海外での日本食ブームを追い風にオーストラリア、シンガポール、アメリカなどに輸出を展開」

「他社に先駆けて米国向けプロモーションを実施し、現在ではトップシェアを獲得」

「フランス、ベルギーで醤油の販売を行う」


21世紀は、小さな企業であっても、地方の企業であっても、直接海外とつながることが可能だ。規模や地域にかかわらず、世界にチャレンジできる時代が来ている。

日本の企業数の99％以上は中小企業だ。世界で勝負ができる中小企業が増えることが、経済の〝元気〟につながるはずである。

課題はブランドづくり

我が国の中小企業は、技術や品質など高いモノづくり力を有している。日本国内には、世界の消費者をひきつける可能性を秘めた商品があふれている。

だが、海外に出るとモノづくりでは勝っているのに、ブランドづくりで勝てない企業が多い。

日本経済復活のカギのひとつはブランドづくりにあるはずだ。

本書で主に焦点を当てるのは、大企業というよりも、中小企業の世界でのブランドづくりである。

アップルも、ナイキも、ソニーも、ホンダも、最初は従業員数人の零細企業だった。今があるのは、いずれの企業も、創業時から世界に目を向け、モノづくりと並行して、ブランドづくりに力を入れてきたからだ。

我が国の中小企業の現状をみると、海外市場を志向する企業は増加を続けているが、国境を越えたブランドづくりに目を向ける企業は、まだ少ない。

理論と実践の掛け算

本書の主題は、

- **世界で強いブランドを生み出す条件を探索すること**
- **日本企業、とくに中小企業の海外でのブランドづくりの方向性を示すこと**

である。

本書の内容は、単なる理論でもなく、単なる経験則でもない。理論と実践の〝掛け算〟で生まれたものである。この点が、類書と異なる本書の大きな特徴だ。

本書で提案する海外でのブランドづくりの方向性は、国内外の消費者データや経営者データで検証し、現実に海外で実践しているものである。

海外でのブランドづくりの実践

海外でのブランドづくりの実践例として、主に取り上げるのは、筆者が生産者と一緒にブランドづくりを続けている高糖度トマト「アメーラ」である。

アメーラは、1996年に静岡県で生まれた、少し小ぶりで、甘味と酸味とうま味が凝縮したトマトだ。

アメーラを生産・販売するサンファーマーズは、静岡、軽井沢を拠点とする農業者グループである。サンファーマーズは、徹底した品質管理、独自の栽培技術、ブランド戦略によって、高糖度トマト「アメーラ」の市場の評価を高めてきた。

アメーラは、日経MJの「ブランドトマトのランキング」第1位、日本農業のトップランナーを表彰する日本農業賞を受賞するなど、我が国の高糖度トマトのトップブランドのひとつになっている。市場ではアメーラの糖度基準が高糖度トマトの基準ともいわれる。

アメーラは、「こしひかり」「桃太郎」「とちおとめ」のような品種ブランドではない。

「松坂牛」「静岡茶」「夕張メロン」のような地域ブランドでもない。
「アメーラ」というブランドは、技術であり、つくり方である。
だから、アメーラという種はないし、アメーラから種を採取して栽培しても、アメーラにはならない。独自の栽培技術、生産者の高度なスキルで生産され、厳しい品質基準をクリアした高糖度トマトだけがアメーラになる。

「どうしたら、もっとおいしいアメーラができるのか」

生産者は、常に現在進行形で、より高品質のアメーラを目指して、研究、技術開発、創意工夫を精力的に続けている。目指すのは、甘味と酸味とうま味が絶妙にバランスした世界最高品質の高糖度トマトだ。

ブランド戦略を輸出しよう

そのアメーラを生産するサンファーマーズは、今、日本だけでなく、ヨーロッパでも、アメーラのブランドづくりを進めている。
ヨーロッパで販売されているアメーラは、日本から輸出したトマトではない。

「メイド・イン・スペイン・バイ・ジャパニーズ」

日本人によるスペインでの「現地生産」だ。

アメーラの農場は、静岡と軽井沢に9カ所ある。10番目の農場が、スペイン南部のアンダルシア地方である。

輸出しているのは、「トマト」ではない。「ブランド戦略」だ。

そして今、日本発の高糖度トマト「アメーラ」は、スペインを代表する百貨店の食品売り場に並ぶ。そこで、販売されているトマトで、最も高い価格で売れているブランドは何か。

それがアメーラだ。この売り場で2番目に高価なトマトのほぼ4倍の値段で売れ続けている。

小さな企業による世界挑戦

アメーラを生産・販売するサンファーマーズは、小さな9つの農業法人の集合体だ。海外支社もなく、広告宣伝費もない。

そんな小さな農家集団がつくる日本発のトマトが、トマトの国「スペイン」で最も高く売れるブランドになった秘密は、どこにあるのだろうか。

サンファーマーズのような中小企業が、世界でブランドをつくるためには、何が必要なのだろうか。

日本の高品質を、世界のブランドにするためには、どうすればよいのだろうか。

本書の目的は、その答えを探すことだ。


さっそく、国境を越えた、ブランドづくりの旅に出かけることにしよう!

（注） 本書の利用データは、とくに注釈がない限り、筆者（静岡県立大学岩崎邦彦研究室）のオリジナル調査である。データの収集は、ネオマーケティングが運営する「アイリサーチ」を利用した。

世界で勝つ ブランドをつくる
なぜ、アメーラトマトはスペインで最も高く売れるのか

目次

第2編　世界ブランドになる条件

第3編 世界ブランドを創造する

第1編

世界ブランドへの挑戦

第1章

常識に「?マーク」をつけよう

日本は「トマト小国」である

「日本のトマトをスペイン、イタリアで売る？」

「スペインもイタリアも、トマトの国だろう。うまくいくはずがない」

高糖度トマト「アメーラ」のヨーロッパ進出の計画を聞いたとき、多くの人がそう言った。たしかに、スペインも、イタリアもトマトの国だ。

スペインとイタリアは、トマトが食べ物として受け入れられたヨーロッパ最初の国である。観賞用だったトマトが、スペインやイタリアで1600年代に食用にされるようになった。一方、日本で、トマトが一般的に食べられるようになったのは、1900年代、昭和に入ってからのことだ。

英語の tomato は、スペイン語の tomate が語源である。スペインのバレンシア州には、トマトを投げ合う有名なトマト祭り「トマティーナ」もある。街中がトマトの海になる風景を報道などで見た人も多いだろう。トマティーナには、スペイン各地のみならず、世界中から観光客が集まる。

トマトの生産量をみると、イタリア、スペインは日本の7倍だ。１人当たりのトマトの摂取量をみると、スペインは日本の7倍、イタリアは日本の5倍に達する（図表１－１）。

イタリア料理といえば、パスタとピザだ。トマトなしのパスタもピザも考えられないだろう。イタリア料理の基本はトマトソースである。

スペインの食卓にも、トマトは欠かせない。スペイン料理に定番の冷製スープ、ガスパチョの赤色は、言うまでもなくトマトの赤だ。サラダや煮込み料理などにも、トマトは頻繁に使われている。

日本人が、スペイン、イタリアの農産物と聞いて、共通して思い浮かべるのは、「トマト」と「オリーブ」だ。一方、日本の農産物と聞いて「トマト」を思い浮かべる人は、ほとんどいない。

図表1-1　トマトの生産量と摂取量比較（スペイン、イタリア、日本）

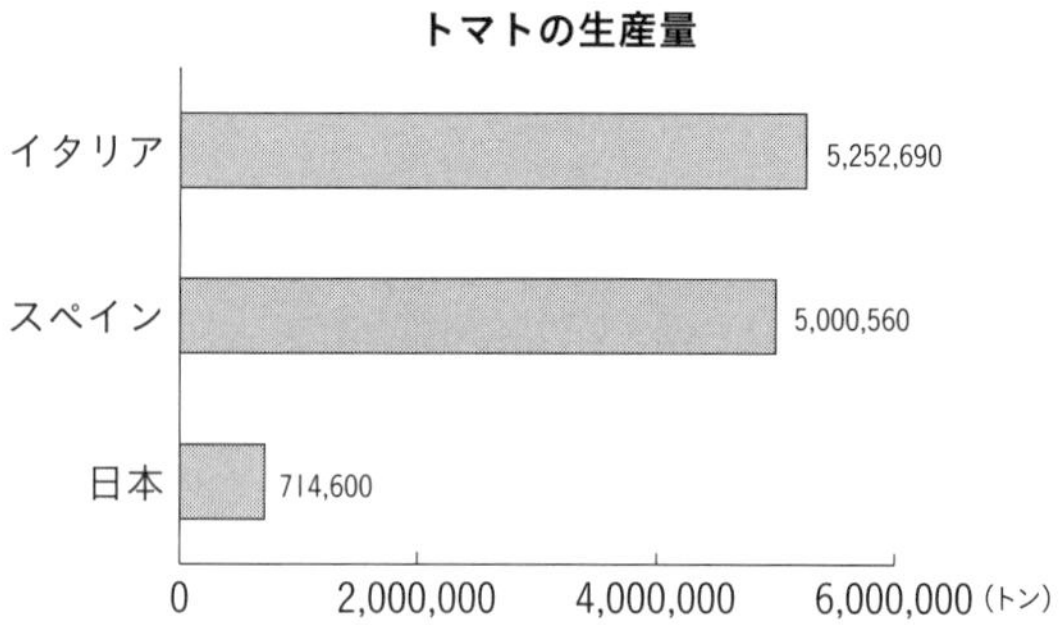

（出所）国連食糧農業機関（FAO）「New Food Balances」（2019年）

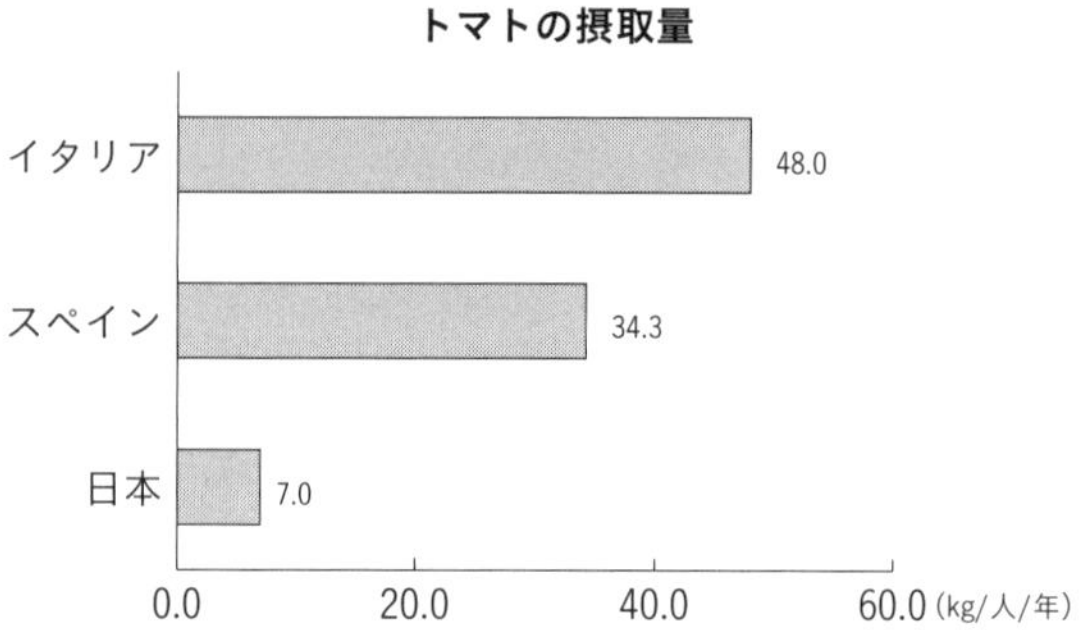

（出所）国連食糧農業機関（FAO）「New Food Balances」（2018年）

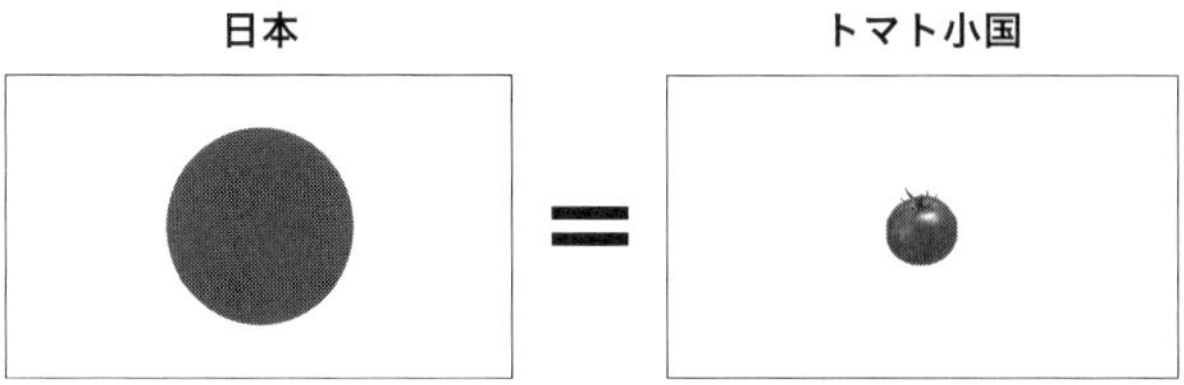

日本は「トマト小国」である

たしかに、スペインやイタリアは「トマト大国」、日本は「トマト小国」と言ってよいかもしれない。

小国は大国に勝てないか

トマト小国は、トマト大国に勝てないのだろうか。日本発のトマトのヨーロッパでのブランドづくりのチャレンジは、本当に「うまくいくはずはない」のだろうか。

「うまくいくか、うまくいかないか」は、チャレンジしてみなければ分からない。

日本の常識は、世界の非常識かもしれない。我々が常識だと思っていることは、住む国、生活する社会などに依存している。

たとえば、日本で車は左車線を走るが、イタリアやスペインで同じことをしたら、前方の車と正面衝突だ。

もしかすると、我々が常識だと思っていることは、実は先入観

欧州で人気の急須（南部鉄瓶）

や思い込みなのかもしれない。

例をあげよう。

かつて「緑茶をほとんど飲まない海外では、日本の急須は売れない」が茶業界の常識だった。

海外で急須は、本当に売れないのか。

そんなことはない。南部鉄瓶の急須は、ヨーロッパを中心に海外で人気を集めている。急須が、お茶を入れる用具というよりも、海外の人々の感性を刺激し、ファッショングッズやインテリアとして購入されている。

「サツマイモは、太くて、大きいほうが売れる」

これが、かつて日本のサツマイモ生産者の常識だった。事実、日本では、手のひらサイズの小さなサツマイモは、売れないため、ほとんどが廃棄されていた。

だが、アジアで売れるのは、日本で価値がないと捨てられていた小サイズのサツマイモだ。シンガポールや香港、台湾では、小さなサツマイモが好まれる。これらの国の家庭では、サツマイモを炊飯器で炊いたり、ゆでたりすることが一般的だ。小さいほうが、炊飯器で炊け、調理しやすい。食べきりサイズのため、ナイフで切る手間もいらない。

この2つのケースが示唆することは何か。

海外で顧客を創造するためには、「常識を疑う力」が欠かせないということだろう。「常識を常識としてとらえること」は楽だ。自分で考える必要もないし、新たな行動も起こす必要もない。

一方、常識に「?マーク」をつけ、その答えを見つけることは楽ではない。自ら行動し、自ら検証しなくてはならない。ときには周囲から否定的な目でみられることもある。だが、人と同じことをしていては、強いブランドは生まれない。常識を疑うことは、すなわち、他との差異化につながるということだ。

Think different.

アップルが世界一のブランドになったのは、この発想があったからだろう。Think different. のプロモーション「クレージーな人たちがいる」に登場した人物をみてみよう。

アインシュタイン、ガンジー、エジソン、チャップリン、ピカソ、キング牧師、ジョン・レノン、ボブ・ディランなど、彼らは誰一人として、常識にとらわれなかった。だから、世界を変え、人類を前進させることができたのである。

勇気をもって、常識に「？マーク」をつけてみよう。

ヨーロッパに「食」の有名ブランドはあるか

「ヨーロッパで、日本の農家が高級ブランドをつくる？」

「ヨーロッパは、ブランドの国だ。うまくいくはずはない」

多くの人がそう言った。

たしかに、欧米企業は、ブランドづくりに長けている。ヨーロッパには、名だたる高級ブランドがたくさんある。

ここで質問。次の文章の空欄に、ブランド名を入れてほしい。

ヨーロッパの有名ブランドと聞いて、思い浮かぶブランドは、「　　　　　　」である。

全国の消費者に、選択肢なしに自由にブランド名を入れてもらった。

結果は、図表1－2に示す通りだ。「ルイ・ヴィトン」をあげる回答者が圧倒的に多く、以下、「シャネル」「グッチ」「エルメス」「プラダ」と続く。

ここにあげられているブランドのカテゴリーをみると、1位のルイ・ヴィトンから10位のBMW、フェラーリ、セリーヌまで、すべてファッションや車の分野のブランドである。注目すべきは、上位10ブランドに食関連のブランドが、ひとつも入っていないことだ。ゴディバをあげた人が1000人中4人、ネスレをあげた人が1000人中1人いただけだ。野菜や果物のブランドについては皆無である。

「欧州の野菜や果物で、ブランド化されている商品は、ほとんどない」

（フランスの種苗会社社長）

アメーラの海外生産を始める前、アメーラのブランド戦略をフランスの種苗会社でプレ

図表1-2　ヨーロッパの有名ブランドと聞いて思い浮かぶブランドは?

順位	キーワード	出現頻度
1	ルイ・ヴィトン	142
2	シャネル	74
3	グッチ	73
4	エルメス	59
5	プラダ	31
6	バーバリー	19
7	ベンツ	13
8	ブルガリ	12
9	アルマーニ	11
10	BMW	10
10	フェラーリ	10
10	セリーヌ	10

（注）出現頻度が上位10のブランドを表示
（出所）全国消費者1000人調査（2020年）

ゼンテーションしたときの現地経営者の言葉だ。

ヨーロッパには、ファッション、車、時計の高級ブランドはあっても、野菜や果物の高級ブランドはない。そもそも、野菜・果物をブランド化しようという発想がほとんどない。産地、サイズ、品種の違いはあったとしても、基本的には「トマトはトマト」であり、「キュウリはキュウリ」「イチゴはイチゴ」だ。

一方、日本には、農産物や食のブランドが豊富にある。「日本ならでは」のおいしい食もある。近年は、和食がユネスコ無形文化遺産に登録されるなど、海外の日本食に対する評価は高まる一方だ。時代の追い風は吹いている。「日本発の世界ブランドづくり」のチャンスは確実にあるはずだ。

大きなビジョンを描こう

世界に出ていくと、競争相手は国内から世界に広がる。文化も社会も習慣も違うため、苦労も多い。海外進出には、覚悟が必要だ。

一方で、縮小する日本のマーケットと異なり、世界のマーケットは成長を続けている。世界に出ると国内では出会えなかったチャンスも生まれる。日本国内では「当たり前」のことが、世界では「当たり前ではない」ことも たくさんある。

「トマトの本場のヨーロッパで評価されることで、アメーラは日本から世界のブランドになる」

（稲吉正博 サンファーマーズ社長）

国境を越えたブランドづくりに欠かせないのは「大きなビジョン」「チャレンジ精神」、そして「具体的な行動」だ。

第2章

トマト小国からの大きな挑戦

はじまりは「ミラノ万博」

本当に、ヨーロッパで日本のトマトは、売れないのだろうか。
本当に、ヨーロッパで日本企業は、高級ブランドをつくることはできないのだろうか。

海外でのブランドづくりの前提は、日本の常識を鵜呑みにしないことだ。
「みんなが言っているから、そうに違いない」といったヨコ向きの発想では、強いブランドを生み出すことはできない。大切なのは、自分の頭で考え、自分の目で確かめ、自ら行動することだ。

ミラノ万博のイベントで、イタリア人にアメーラを食べてもらう

高糖度トマト「アメーラ」のヨーロッパでのブランドづくりのチャレンジのきっかけは、2015年にイタリアのミラノで開催された「ミラノ国際博覧会（以下、ミラノ万博）」である。

ミラノ万博のメインテーマは、「地球に食料を、生命にエネルギーを」。食をテーマとした世界初の万博だ。

アメーラトマトの生産者は、ミラノ万博のイベントに出展し、イタリア人にアメーラを食べてもらった。現地の消費者の言葉に耳を傾けた。

「こんなに甘いトマトは食べたことがない」

「甘味と酸味のバランスがよい。イタリア

にもあれば」

現地の消費者の意見だけではなく、食のプロの意見も重要だ。ミラノのレストランのオーナーシェフにアメーラを使った料理を作ってもらい、アドバイスをもらった。

「そのままで大変おいしく個性的な味わいだから、生で食べたい」
「皮が硬いが、そこに甘みがある」
「高級食材を扱うスーパーで販売したら」

ペック、イータリーなどイタリアを代表する食品専門店に出向き、現地のトマトの状況を自分たちの目で把握した。

イタリアに続き、スペインのトマト産地、フランスの種苗会社などを訪問した。ヨーロッパ各地で実際にアメーラを食べてもらい、アメーラのブランド戦略や生産戦略をプレゼンテーションし、意見交換を行った。

そこで、分かったことがある。

●欧州に、「高糖度トマト」や「グルメトマト」というカテゴリーはない
●欧州では、収穫量と生産性の追求によって、トマトの同質化が進んでいる
●欧州では、野菜をブランド化しようという発想がほとんどない

「ヨーロッパで、日本発トマトのブランドづくりにチャレンジしよう。可能性がある」

「ヨーロッパで、最高品質の高糖度トマトという新たなマーケットを創造しよう」


アメーラの欧州進出が決まった瞬間だ。

進出前に現地を知る

ミラノ万博やヨーロッパでの現地調査をきっかけに、ヨーロッパでの生産戦略とブランド戦略の検討がスタートした。

ドイツのベルリンや、スペインのマドリードで開催される果実・野菜の国際展示会に出展をした。

会場では、来場者に対し、アメーラをスライスして、何もつけずに生で食べてもらっ

国際展示会で、アメーラのスライスを試食してもらう

た。ヨーロッパでは、トマトは加熱して利用したり、オリーブオイルやドレッシングをかけて食べることが一般的だ。生のスライストマトの試食は、チャレンジングな試みだ。

国際展示会は、世界への情報発信の場、商談のチャンス、バイヤーや流通業者とのコミュニケーションの場であるとともに、情報収集の場でもある。

ヨーロッパでのブランド戦略構築のヒントを得るため、展示会では、各国からの来場者に対してインタビュー調査を実施した。

●アメーラの食味について具体的な感想
●現地の既存のトマトとアメーラの違い

●生のスライストマトという食べ方の提案について、どのように思うか
●アメーラという名前についての評価、名前からどのようなイメージが浮かぶか
●パッケージのデザインについての印象
●アメーラはどのような顧客に喜ばれると思うか

展示会では、来場者に単に「おいしいですか」と聞くのは、あまり意味がないだろう。無料の試食では、「おいしい」という感想は、「ありがとう」や「お疲れさま」の意味にすぎないからだ。

展示会での調査では、事前に調査仮説を設定し、結果をブランド戦略にどのように生かすのかを考えておくことが大切である。仮説なき調査は、聞きっぱなしに終わってしまうことが多いので要注意だ。

ブランドづくりの土台は品質にある

ヨーロッパでの国際展示会やイベントでは、アメーラを食べた人の多くが、味に満足をしてくれた。

とはいえ、最高の状態でアメーラを提供できたわけではなかった。なぜなら、日本から運ぶと時間がかかるため、トマトが軟化して、品質が低下してしまう。

「日本からの輸出では鮮度が保てない」

（稲吉正博 サンファーマーズ社長）

ブランドの土台は、高い品質である。しっかりした土台がないと、強いブランドを生み出すことはできない。土台が崩れれば、ブランドも崩れてしまう。ヨーロッパで、最高品質の高糖度トマトを提供するためには、現地で生産し、流通させることが不可欠かもしれない。

ミラノ万博の後、アメーラの生産者がスペインに出向き、生産可能性調査を行った。

「気象環境は非常によく魅力的」

「アメーラ栽培は十分に可能であるのではないかと思う」

ブランド戦略会議には日本とスペインの経営者、生産者、マーケティングチーム、デザイナーが参加した

モノづくりとブランドづくりを並行させる

サンファーマーズが選んだのは、日本からの輸出ではなく、スペインでの現地生産である。

アメーラのヨーロッパ進出計画は、スタート時点から、「ブランドづくり戦略」と「モノづくり戦略」を同時並行で進めた。ヨーロッパでのブランド戦略の検討会議には、初回から、サンファーマーズとスペインのパートナー企業の経営者のみならず、生産者、マーケティングチーム、デザイナーが参加している。

日本企業の海外進出をみると、「モノ

図表2-1　モノづくりとブランドづくりは両輪

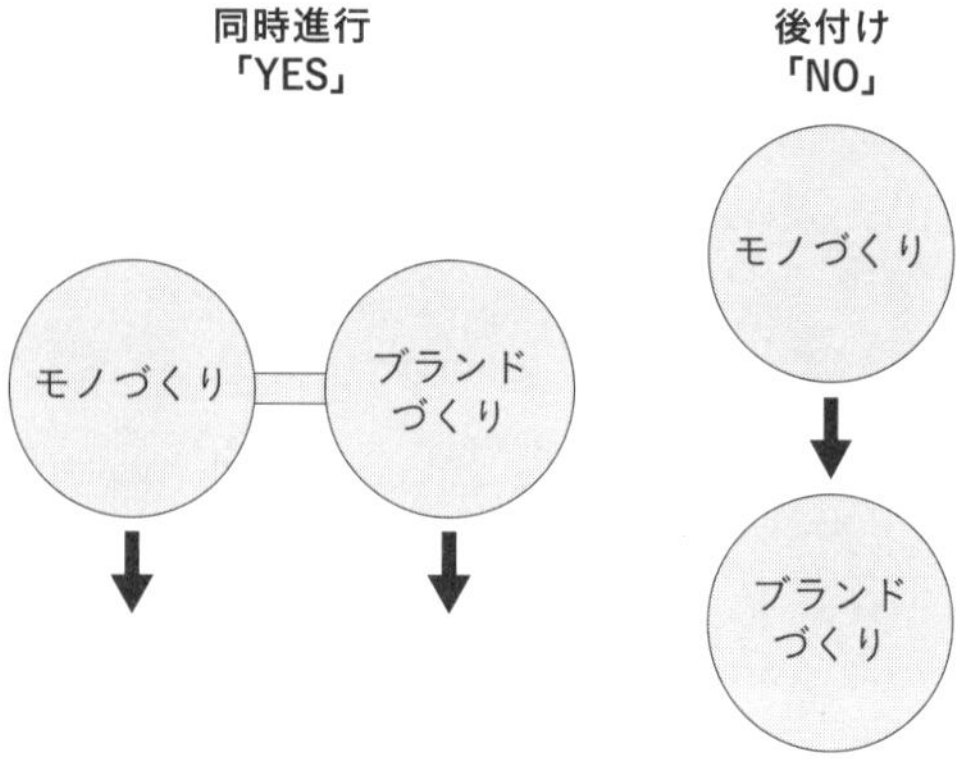

スペイン産のアメーラ誕生

づくり」が先行して、「ブランドづくり」が後付けになるケースが多くみられるが、モノづくりとブランドづくりは両輪だ。どちらが欠けても、前に進むことができない（図表2−1）。

スペイン南部のアンダルシア地方に農場の建設がスタートしたのが、2018年8月である。同年10月には農場が完成し、高糖度トマト「アメーラ」の生産を開始した。1・25ヘクタール、ハウス5棟からのスタートだ。

スペインの地中海沿岸で育ったアメーラが初めて出荷されたのは、アメーラのヨーロッパ進出のきっかけとなったミラノ万博から3年後のことである。

スペインで最も高く売れるトマトに

トマトの国スペインには、たくさんの種類のトマトがあるが、現在、スペインを代表する百貨店で、最も高い価格で売れているトマトは何か。

それが日本発の高糖度トマト「アメーラ」だ。

2番目に高いトマトと比較して、4倍程度の高価格で販売されている。現地の一般的なトマトと比較すると10倍以上の価格だ。2021年には、欧州で権威のある食の評価機関

スペインの百貨店ではアメーラは最高価格で売れている

(International Taste Institute) から、最高ランクの食味である3つ星の評価を受賞している。

輸出するのはトマトではなく、「ブランド戦略」

アメーラは、品種でもなく、産地名でもない。生産者が生み出したブランドだ。独自の生産技術と品質基準によって、アメーラが生まれる。

「日本の生産技術とブランド戦略をセットで輸出してほしい」

アメーラのスペインでの生産を心に決め

たサンファーマーズに、現地のパートナーから依頼があったのは、日本の技術による生産と、日本で構築したブランド戦略をヨーロッパで展開することである。

日本から輸出をしているのは「トマト」ではなく、日本国内で培った「生産技術」と、日本で構築した「ブランド戦略」だ。

第3章

海外進出のパターン

輸出から現地生産へ

これまでもアメーラは、流通業者や商社を通じて、シンガポールや香港などアジアを中心に輸出されていたが、スペインで売られているアメーラは、日本から輸出されたものではない。

アメーラのヨーロッパ市場での挑戦は、直接投資による現地生産だ。

スペインには、アメーラ生産歴20年で、最高レベルの技術を持つサンファーマーズのメンバーが、家族とともにスペインに移り住み、現地の農場でアメーラを生産している。

「スペインでは、文化や習慣、気候の違いに戸惑いながらも周りの人たちに助けられ

アメーラのスペイン農場は地中海沿岸にある

ながら、なんとかやっています。海外で仕事をするという、なかなか経験できない状況に感謝し、アメーラを栽培できることがとても幸せだと感じています。栽培の方はまだ課題もありますが、解決できるように研究しなければならないと思っています」（三堂啓介サンファーム・イベリカ取締役）

現在、アメーラの農場は、国内には静岡県と長野県に9カ所ある。10カ所目の農場、それがスペイン南部のアンダルシア地方だ。モトリルという地中海沿岸の地域にアメーラの農場はある。

海外進出の３パターン

一般的に、海外進出のパターンは大きく分けて、「間接輸出」「直接輸出」「直接投資」の３つのパターンがある。

第一の間接輸出は、商社や流通業者を通じて、海外市場での販売を行うものである。輸出のためのスタッフを確保する必要もなく、輸出手続きを自ら行う必要もないため、コストもリスクも相対的に低い。直接の販売先は、国内の商社や流通業者になるため、国内で取引は完結する。

以前のアメーラの海外展開は、間接輸出のパターンだった。流通業者を通して、シンガポール、マレーシア、香港などに輸出をされてきた。

このパターンでは、生産者自身は自分たちの商品が、どこの国に、どのように輸出をされ、販売されているのかを直接的には把握できない。海外のマーケットの情報も入ってこない。

第二の直接輸出は、海外展開を行う企業自らが、直接海外企業との取引を行うものである。販売先は、海外の消費者・ユーザー、小売業者、流通業者等である。直接輸出のパターンでは、社内に輸出を担当する部署、人材の確保が必要になるため、間接輸出と比較してコストがかかる。

第三の直接投資は、海外に自社の完全所有子会社を設立する方法と、現地パートナーとの共同出資で新しい現地企業を設立する合弁（ジョイントベンチャー）などの方法がある。

直接投資による海外進出は、資金や人材など投入する経営資源が大きくなり、輸出と比べ、時間も手間もかかることなどから、３つのパターンの中では、もっともリスクが大きく、ハードルは高い。たやすく後戻りもできない。

ジョイントベンチャーを設立

アメーラのヨーロッパ市場への進出は、もっともハードルが高いといわれる直接投資だ。２０１８年５月にサンファーマーズ（日本）と、スペインのパートナーであるグラナダ・ラパルマ協同組合（以下「ラパルマ」と呼ぶ）の共同出資によって、スペインに合弁

日本とスペインとの合弁企業「サンファーム・イベリカ」設立

企業「サンファーム・イベリカ」（稲吉洸太社長）を設立した。出資比率は日本側が70％、スペイン側が30％だ。

ラパルマは、スペインのアンダルシア地方にある農業協同組合である。ラパルマとの最初の出会いは、ミラノ万博の4年前、稲吉洸太氏（現サンファーム・イベリカ社長）の海外研修を受け入れてくれたことだ。

ミラノ万博に参加し、ヨーロッパ進出計画を決めたサンファーマーズが、その足で訪問したのは、スペインのラパルマだった。アメーラのヨーロッパ進出への計画を伝え、アメーラの強みをプレゼンテーションし、意見を交わし、現地での生産可能性を探った。

日本とスペインの融合による新たな価値創造

日本とスペインで、コミュニケーションを繰り返すうちに、次第に両者の距離が縮まり、ベクトルがあってきた。

ヨーロッパのトマト市場をみると、製品の同質化や、供給過多による低価格化が進んでいる。スペイン、オランダ、モロッコなどトマトの生産国間で、国際的な価格競争が熾烈化している。

スペインのトマトは、生産性ではオランダにかなわない。生産コストの安さでは、モロッコにかなわない。スペインを拠点とするラパルマは、戦略的な商品を求めていた。

「アメーラは、革新的で、独自性がある素晴らしいトマトだ。欧州中を見渡しても似たものはない」（ペドロ・ルイス ラパルマ組合長）

「トマトの本場である欧州で評価されれば、アメーラは、日本から世界のブランドになる」
（稲吉洸太　サンファーム・イベリカ社長）

両者は共鳴した。日本の強みとスペインの強みを〝掛け算〟することによって、唯一無二の価値を生み出せるはずだ。

「ヨーロッパで、アメーラをブランド化しよう」

ヨーロッパを舞台とした、日本発のトマト「アメーラ」のブランドづくりが本格的にスタートした。

「標準化」と「現地化」の掛け算

海外進出における合弁のメリットは、パートナーの経営資源を活用できることや、現地の農産物生産やマーケットの知識や情報を獲得できることである。

図表3-1　「標準化」×「現地化」＝「融合化」

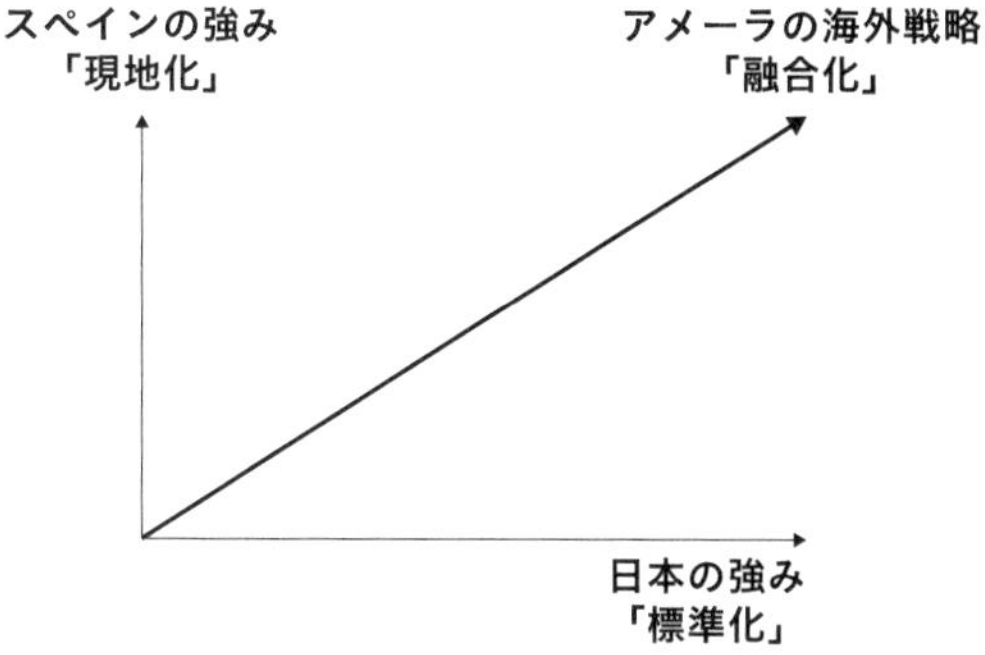

とくに、農や食の海外進出においては、合弁の有効性は高い。日本と海外では気候や水などの生産環境は異なることや、各国の農や食の流通システムや商習慣が日本と大きく異なるからだ。

海外進出のタイプは、世界で共通の戦略を採用する「標準化」と、進出国に合わせた戦略を採用する「現地化」があるが、アメーラのヨーロッパ進出は、標準化と現地化を〝掛け算〟する「融合化」戦略である。

ブランド戦略と生産技術は「標準化」で、日本主導で進めている。換言すると、日本からの〝輸出〟だ。

一方、流通や営業は、現地化をしている。なぜなら、ヨーロッパ各国と日本では、流通システムが異なるためである。どんなに良い商品であったとしても、流通経路と売り場がなければ、現地の消費者には届かない。

生産技術、ブランド戦略　↓　標準化
流通、営業、販売　↓　現地化

もちろん、現地化と標準化はバランスの問題であり、二者択一ではない。日本とスペイン両国の強みを考慮し、標準化と現地化をバランスよく融合させることがポイントになる（図表3―1）。

現地のパートナーとの信頼関係を構築

海外企業との連携において、何よりも大切なことは、信頼関係の構築だ。互いの信頼関係がなければ、その連携は長く続かないだろう。

信頼構築のベースとなるのは共通の目的とコミュニケーションである。

サンファーマーズとラパルマは、「ヨーロッパで新たなトマトのカテゴリーを創る」「ヨーロッパで、アメーラをブランド化する」という目的を共有している。

現地パートナーとの密なコミュニケーションも欠かせない。海外展開では、言語、習慣、文化が違うため、コミュニケーションギャップが生まれやすい。繰り返し、時間をかけて、意思疎通を図ることが大切だ。

日本のメンバーは何度もスペインに行き、スペインのメンバーも日本を訪れ、アメーラトマトのブランドづくりの発想や、ヨーロッパでのブランド戦略について、「ベクトル合わせ」を繰り返している。

コロナ禍で海外渡航が難しい時期は、オンライン会議でコミュニケーションを続けてきた。

サンファーマーズとラパルマのコミュニケーションのキーマンは、スペイン人通訳のホルへ・シビット氏だ。日本の居住歴もあり、日本とスペインの視点を有するホルへ氏は、サンファーマーズとラパルマをつなぐ重要な役割を果たしてくれている。

信頼関係の構築には、オフタイムのコミュニケーションの役割も大きい。日本とスペインのメンバーは、日本では日本食を一緒に楽しみ、スペインではスペイン料理を一緒に楽しむ。日本での食事も、スペインでの食事も、アメーラトマトは重要な食材だ。

図表3-2　直接投資後の国内事業の変化（国内従業者規模別）
――直接投資による製品イメージとマーケティング能力の向上

項目	算出式	全体	20人未満	20〜99人	100人以上
企業・製品の評判・イメージ	「良くなった」−「悪くなった」	48.1	40.7	46.2	52.4
営業・マーケティングの能力	「強くなった」−「弱くなった」	46.2	59.3	46.9	39.1

（注）良い影響を受けた企業割合 − 悪い影響を受けた企業割合（「良い影響」と「悪い影響」の意味は、表中の算出式による）
（出所）日本政策金融公庫総合研究所（2013年）から作成

直接投資が国内事業にもたらす効果

直接投資は、海外需要の創出だけでなく国内事業にもプラスの影響を及ぼす。ヨーロッパへの進出後、サンファーマーズでは、社員のモチベーション向上、求人での応募者数が増加するといった人材確保面での効果、スペインのデザイナーとの連携によるデザイン力の向上といった効果が生まれている。

直接投資の国内効果は、先行調査からも明らかだ。日本政策金融公庫総合研究所が実施した海外直接投資に関する調査をみてみよう。

図表３−２に示す通り、「企業・製品の評判・イメージ」や「営業・マーケティングの能力」といったマーケティングやブランドづくりに関する項目においても、国内事業にプラスの効果が生じることが示されて

いる。

小さな企業が限られた経営資源の一部を海外に振り向けたとしても、国内にしわ寄せが生じていないどころか、プラスの効果があることがうかがえる（日本政策金融公庫総合研究所『中小企業を変える海外展開』）。

進出国の経済と消費者を客観的に把握する

海外進出にあたっては、現地調査や国際展示会などで、進出国の状況を肌で感じることも大切であるが、国際統計データなどを利用して、客観的に進出先の当該商品の関する需要動向、ニーズなどの消費者の状況や、進出国の経済状況などを把握することも欠かせない。

日本とヨーロッパの1人当たりGDP

IMFの統計を用いて、ヨーロッパ主要国の1人当たりのGDP（名目）とその世界順位を、日本と比較してみよう。

2000年時点では、日本の1人当たりGDPは、ヨーロッパ主要国を上回っていた

図表3-3 1人当たり名目GDPとその伸び率(ヨーロッパ主要国と日本)

2000年

国名	GDP/人(米ドル)	世界順位
日本	**39,173**	**2**
スイス	39,077	3
スウェーデン	29,589	10
イギリス	28,213	11
オランダ	26,328	13
ドイツ	23,925	19
フランス	23,212	21
ベルギー	23,137	22
イタリア	20,153	27
スペイン	14,761	31
ポルトガル	11,531	37

2019年

国名	GDP/人(米ドル)	世界順位
スイス	85,686	2
オランダ	52,491	12
スウェーデン	51,443	13
ベルギー	46,542	18
ドイツ	46,473	19
イギリス	42,417	22
フランス	41,811	24
日本	**40,802**	**25**
イタリア	33,220	28
スペイン	29,586	33
ポルトガル	23,287	42

(注)ヨーロッパ主要国と日本の比較。2019年の世界順位で並べている
(出所)IMF統計

が、2019年になると、日本はヨーロッパ主要国の大部分に逆転されている。この間、日本の世界順位は2位から、25位まで落ち込んでいる(図表3―3)。

2000年を1・00とした1人当たりのGDPの伸びをみると、2019年にヨーロッパ主要国は1・50(イギリス)～2・19(スイス)まで増加しているのに対して、日本は1・04にとどまる。つまり、この20年間、日本の1人当たりGDPは、ほぼ伸びていないということだ(図表3

図表3-4　1人当たりのGDPの伸び率

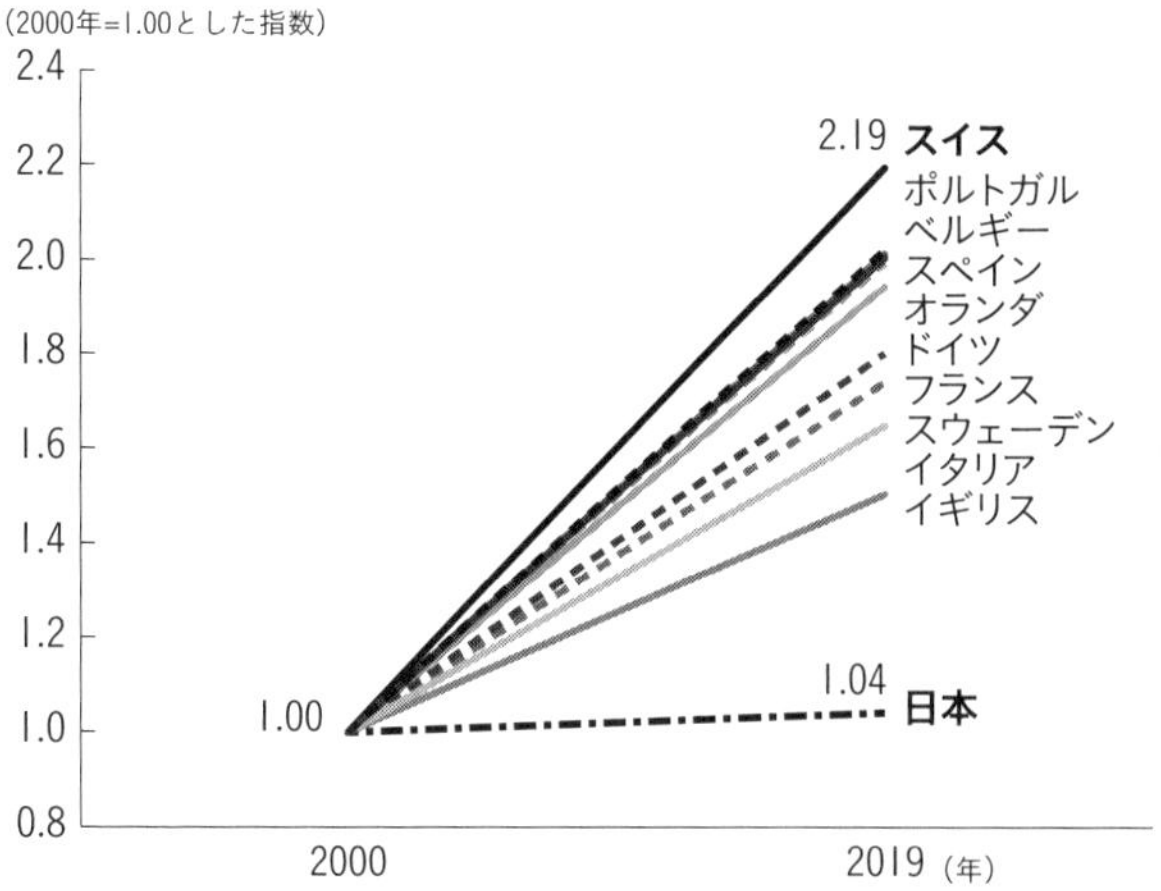

（出所）IMF統計

－4）。

横ばいが続く日本経済に対して、ヨーロッパのマーケットは成長を続けている。

日本とヨーロッパの家計可処分所得

次に、日本とヨーロッパ主要国の家計可処分所得をみてみよう。家計可処分所得とは、家計部門の所得から税金・社会保険料を差し引いた、消費に支出可能な所得である。

図表3－5に示したとおり、家計可処分所得は、スペイン、ポルトガルは日本とほぼ同レベルにある。その他のヨーロッパ主要国は、日本を上回っている。

量ではなく、質で勝負をする高品質ブ

図表3-5　人口1人当たり家計可処分所得（ヨーロッパ主要国と日本）

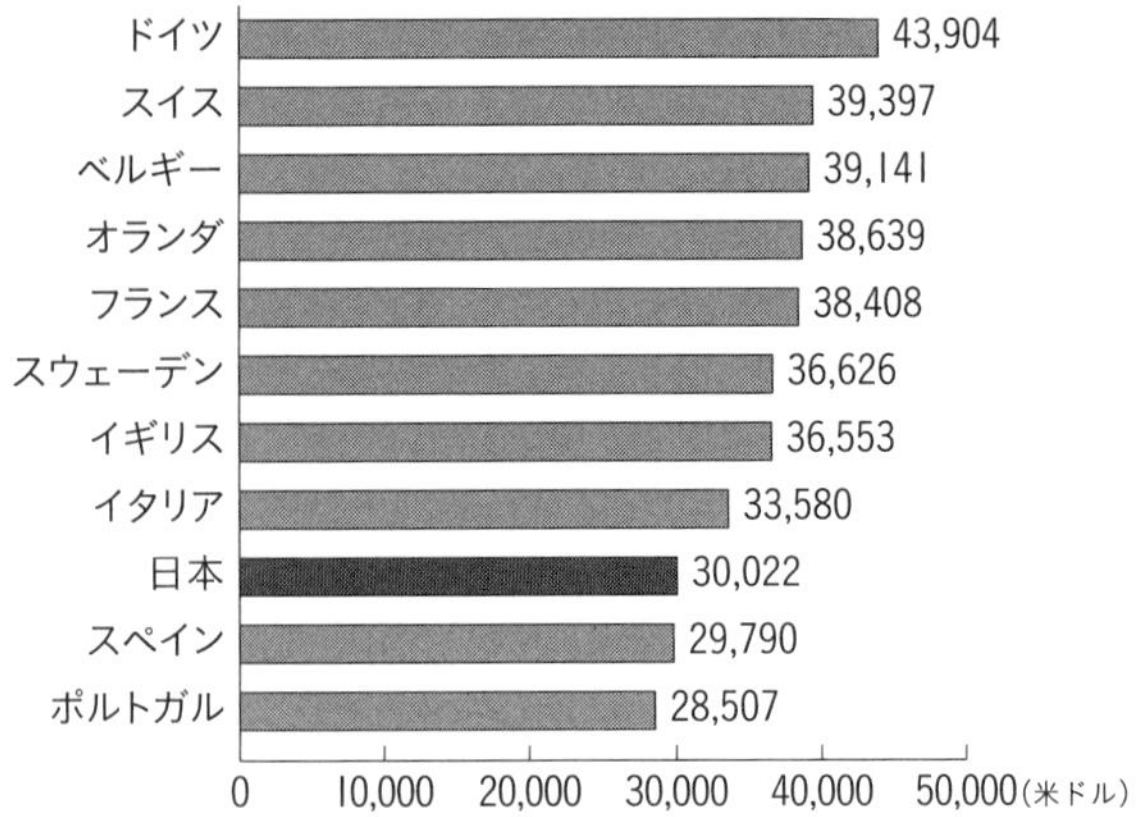

（注）日本は2年前、スイスは3年前のデータ
（出所）OECD統計（2019年）

ランドを生み出すポテンシャルが、ヨーロッパには十分にあるはずだ。

日本とヨーロッパのトマトの摂取量

ヨーロッパ各国の消費者は、トマトをどの程度食べているのだろうか。これをみたのが図表3－6である。

ヨーロッパ主要国のトマト摂取量は、いずれも日本を上回っている。スペインは日本の7倍、イタリアは5倍、ポルトガルは4倍、フランスは3倍だ。オランダを除くと、どの国も日本の約2倍以上の摂取量である。

ヨーロッパのトマトの需要は日本に比べ顕著に大きいということだ。トマトのブランド化を行うには、とても魅力的な

図表3-6　トマトの摂取量（ヨーロッパ主要国と日本）

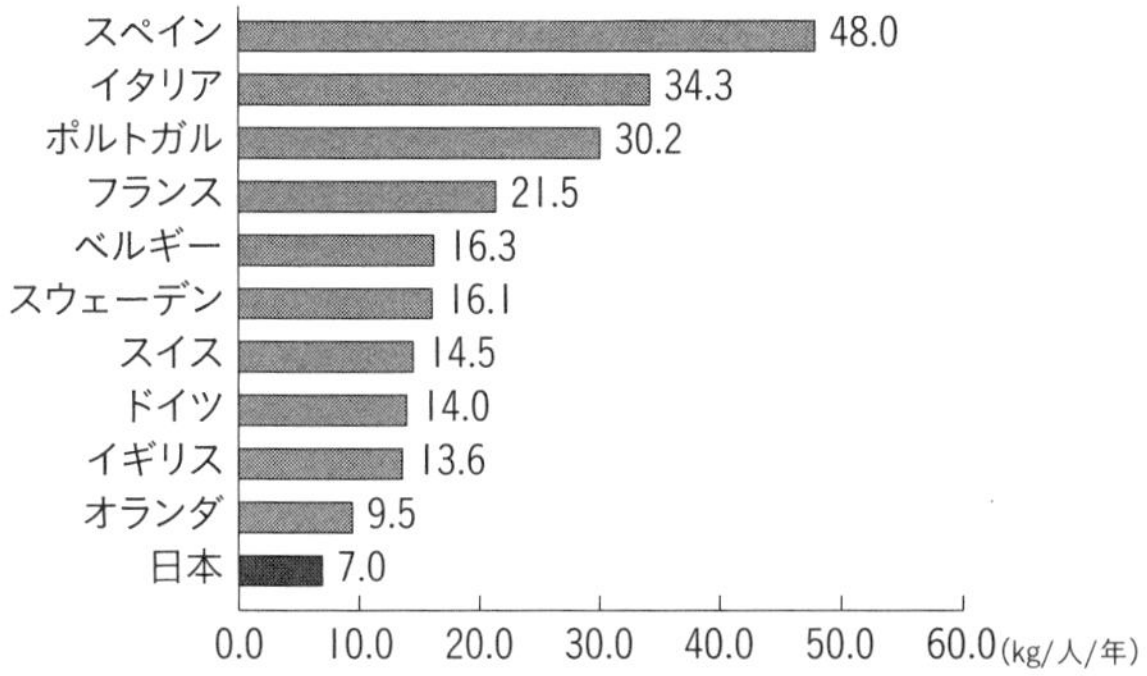

（出所）国連食糧農業機関（FAO）「New Food Balances」（2018年）

地域といえるだろう。

高品質トマトへのニーズはあるか

ヨーロッパにおいて、高品質トマトへのニーズはどれだけあるのだろうか。スペインとイギリスの消費者に対して実施した調査結果をみてみよう。

「多少価格が高くても、高品質なトマトを食べてみたいか」との質問に、「その通り」「ややその通り」と回答する消費者の割合は、スペインでは78・6％に達している。イギリスでも59・2％と過半数に達している（図表3－7）。

「ややその通り」を消極的な回答とみなし、「その通り」と回答する消費者の割合だけをみても、スペインは42・6％、イギリスは25・0％だ。

図表3-7　高品質なトマトへのニーズ

多少価格が高くても、高品質なトマトを食べてみたいですか？

	その通り	やや その通り	どちらとも いえない	やや違う	違う
スペイン	42.6%	36.0%	12.8%	6.0%	2.6%
イギリス	25.0%	34.2%	22.6%	10.0%	8.2%

（出所）スペイン・イギリス各国500人調査（2020、21年）

現在、高糖度トマトのカテゴリーが空白であるヨーロッパには、高糖度トマトに対する十分な潜在的ニーズが存在していることがうかがわれる。

「ヨーロッパには、さまざまな形、色、大きさのトマトがあるが、味の差はあまり感じない」

国際展示会では、こういった意見を参加者から何度も聞いた。産地や形の違いはあるが、味の同質化が進んでいるのが、現状のヨーロッパのトマト市場である。

「最高品質の高糖度トマト」という新たなカテゴリーの創造にチャレンジする価値は十分あるはずだ。

第2編

世界ブランドになる条件

第4章 ブランドづくりのベクトル合わせをしよう

ブランドづくりの前提条件は何か

「ブランド」とは何だろうか?

「ブランドづくり」とは何をすることだろうか?


こう聞かれて、あなたは何と答えるだろうか。

ブランドづくりのプロジェクトの最初の会合などで、参加者に聞いてみると、回答に詰まってしまう人が多い。回答が出たとしても、ブランドの捉え方はさまざまだ。

メンバー間で、ブランドに関する捉え方がバラバラであると、ブランドづくりは成功しない。ブランドづくりのステップ0(ゼロ)は、ブランドについてのベクトル合わせをすることである。

海外でのブランドづくりを具体的に検討していく前に、この章では、「ブランドとは何か」「ブランドづくりとは何か」について、ベクトル合わせをしよう。

このコーヒーをおいしくする方法

突然だが、ここに、一杯のコーヒーがあるとしよう（写真）。このコーヒーを消費者に、よりおいしいと感じてもらう方法を、自由な発想で思いつくだけ考えてほしい。

実際に、静岡県立大学でマーケティングを学び始めた1年生に聞いてみた。学生の発想は、大きく8つのパターンに分かれた。

このコーヒーをおいしくする方法を自由に考えよう

発想1　製品に手を加え価値を高める

「コーヒーの上にクリームをのせる」

「コーヒーの表面にラテアートのようなものを描く」

発想2　他商品の相乗効果で、知覚品質を高める

「焼き立てのクッキーを添える」
「コーヒーに合うお菓子を添える」

発想3　入れ物を魅力的にする

「かわいいマグカップに変える」
「おしゃれなコースターを添える」

発想4　背景を変える

「背景をカフェの写真などにする」
「背景をオシャレにする」

発想5　人を入れる

「おいしそうにこのコーヒーを飲んでいる人の写真にする」

「タレントがおいしく飲んでいる写真にする」

発想6　言葉を入れる

「〝究極の深み〟といったキャッチフレーズをつける」
「〝こだわりの製法で焙煎したコーヒーです〟といったテキストを入れる」

発想7　高い価格を表示する

「1杯2000円といった高価格を表示する」
「高い価格設定にする」

発想8　ブランドを活用する。

「スタバの容器に移し替えて写真を撮る」
「カップにブランドのロゴを入れる」

マーケティングにおける最強の武器

これらすべて、マーケティングにおいては大切な発想だ。

では、この8つの発想の中で、他社にもっとも真似をされにくく、長期的な優位性をもたらしてくれるのは、どれだろうか。

それが、発想8のブランドだ。ブランドが、マーケティングにおける最強の武器といわれるゆえんである。

「コーヒーの上にクリームをのせる」「コーヒーに合うお菓子を添える」「背景をオシャレにする」「高い価格設定にする」など、発想1から発想7までは、いずれも他社に追随されやすく、長期的な優位にはつながりにくい。

一方、ブランドは一朝一夕には生まれない。戦略性と創造性をもって、つくりあげるものだ。強いブランドは、長期的に企業にメリットをもたらしてくれる。

ブランドを定義しよう

まず、次の質問に答えてほしい。

まったく同じ味、同じ価格の2つのコーヒーがあるとします。1つには、「スターバックス（STARBUCKS）」と書いてあり、もう1つには、「スターコーヒー（STAR COFFEE）」と書いてあります。あなたは、どちらを選びますか。

全国1000人の消費者にも聞いてみた。

その結果、回答者全体の92％が「スターバックス」を選んだ。「スターコーヒー」を選んだのはわずか8％である（図表4－1）。

なぜ、味も価格も同じであるにもかかわらず、圧倒的に多くの消費者がスターバックスと書いてあるコーヒーを選んだのか。

それは、スターバックスと聞いて、人々の頭に何かしらの「肯定的なイメージ」が浮かんだからだ。一方、スターコーヒーと聞いても、多くの人の頭にはイメージが浮かばな

図表4-1　選ばれるのは、強いブランド

まったく同じ品質、同じ価格の2つのコーヒーがあるとします。
あなたは、どちらを選びますか？

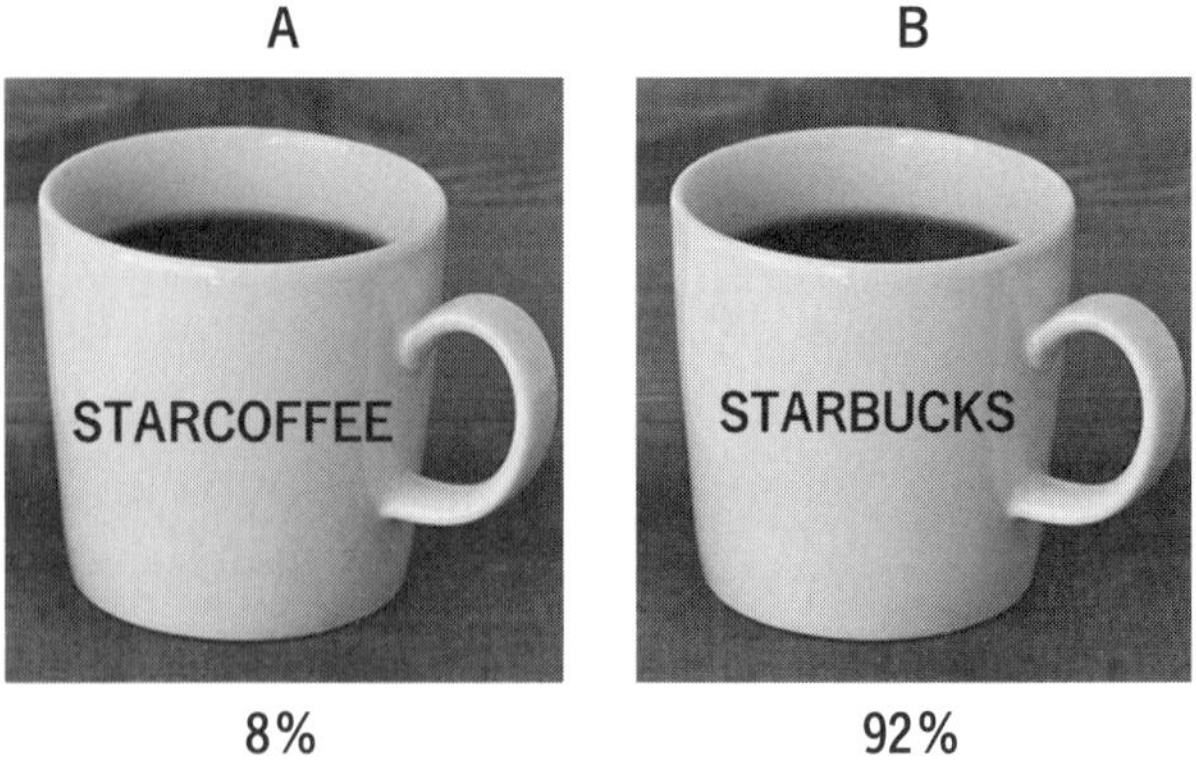

（出所）全国消費者1000人調査（2020年）

い。

イメージが浮かばなければ、選ばれない。ここがポイントだ。ブランドは、「買い手の心の中にある」ということである。

ブランドは、単なる商標でも、品質でもない。本書ではブランドを以下のように定義しよう。

「ブランドとは、買い手の心の中にある、品質を超えた、肯定的なイメージである」

強いブランドに備わる３条件

買い手に強いブランドと認識されるために必要な３つの条件がある。それは、「価値性」「独自性」そして「共感性」だ。強いブランドであるためには、どれも欠かすことはできない。

① 価値性

ここでの価値は、売り手が認識する価値ではない。買い手が認識する価値だ。

「価格が高いから売れない」

このように嘆く経営者は多いが、売れないのは、価格というよりも価値に課題があるからだろう。価格に見合う価値がないのか、価値が顧客に伝わっていないのかのいずれかだ。

顧客は、低い価格だから買うのではない。自分にとって価値があるから買うのである。

顧客が求めているのは、「低い価格」ではなく、「高い価値」である。

ブランドを次のようにとらえる人がいる。


「人々に必要のないものに本来の価値以上の値段をつけて買わせること」


これは明らかに誤りだ。

人々は必要のないものは、そもそも買わない。必要のないものはブランドにはならない。顧客がお金を払うのは、モノではなく、価値に対してだ。百歩譲って、一度は買ったとしても、二度目以降のリピートはないだろう。

どれだけ予算をかけて広告をしたとしても、価値がなければブランドにはならない。顧客が認識する価値以上の値段をつけても、誰も買わない。

ブランドは、鉛に金メッキをすることではない。メッキは早晩剝げてしまう。金を磨き、その輝きを増してくれるのがブランドだ。

「本物」しかブランドにならない。

② 独自性

強いブランドには、独自性がある。同じような商品が他にたくさんあれば、強いブランドにはならない。ブランドづくりのNGワードは、「無難」「普通」「平均」「平凡」「まあまあ」といった言葉である。

ここでポイントになるのは、独自か、独自でないかを決めるのは売り手ではなく、買い手であるということである。売り手が独自だと思っていても、それが買い手に伝わらなければ、それは独りよがりだ。

大切なのは、顧客にわかる違いである。

売り手にしか分からない違い　＝　独りよがり
買い手に分かる違い　＝　独自性

売り手は「違い」に目を向けるが、買い手である消費者は「類似性」に目を向ける傾向がある。たとえば、食の分野で、売り手は、「比較して食べてみれば、味の違いがわかる」と頻繁に言うが、同時に食べ比べをする消費者は、そうはいないだろう。比較しなくてもわかる、明確な違いがブランドには必要だ。

③ 共感性

価値性、独自性があったとしても、そのブランドに買い手が共感してくれなければ、強いブランドにならない。売り手の思いと買い手の思いが一致したときに生まれるのが、共感だ。

売り手の思い ＝ 買い手の思い
→ 共 感

例をあげよう。ワインの分野では、ドイツ産のワインより、フランス産のワインのほうがブランド化しやすい。一方、ビールの分野では、フランス産のビールより、ドイツ産のビールのほうがブランド化しやすい。なぜなら、顧客が有している国のイメージと商品が調和していて、共感されやすいからだ。

静岡県の浜松で「うなぎパイ」が売れるのは、浜松に「うなぎ」のイメージがあるからである。いかに食に強い北海道でも、北海道の「うなぎパイ」では共感されず、売れないはずだ。

ブランドの力とは何か

ここからは、ブランドが持つ力を具体的にみていこう。強いブランドは、企業や組織にさまざまなメリットをもたらしてくれる。

① 数量プレミアム

先ほどの「スターバックス」と「スターコーヒー」の調査結果からわかるとおり、品質、価格がまったく同じだとしても、選ばれるものと選ばれないものがある。選ばれるのは、強いブランドだ。ブランドが「タイブレーカー」（試合で同点のときに勝ち負けを決める延長戦）といわれるゆえんである。

ブランド力が強くなれば、顧客数が増加する。これがブランドの「数量プレミアム」だ。

② 価格プレミアム

ここで、ブランドと価格に関する実験結果を紹介しよう。実験の方法は、次の通り、シンプルだ。

まず、１０００人の消費者を無作為に2つのグループに分ける。第一のグループ５００人には、コーヒーカップに「ＳＴＡＲＢＵＣＫＳ」と書いてある写真を見てもらった。第二のグループ５００人には、コーヒーカップに「ＳＴＡＲＣＯＦＦＥＥ」と書いてある写真を見てもらった。

いずれのグループも、ブランド表示を除いて、まったく同じコーヒーの写真を見ている。両グループには、次の質問をした。

このコーヒーをカフェで飲む場合、１杯いくらまで出せますか？

＿＿＿＿円

結果をみてみると、統計的にも明らかな差が存在する。Ａグループの支払意思額の平均値は「３１７円」だが、Ｂグループの平均値は「２６３円」だ（図表４－２）。同じ商品であったとしても、ブランド表示の違いだけで、支払意思額が2割も変化するということだ。強いブランドは、消費者の知覚品質を高め、支払意思額を向上させる。ブランドによる顧客単価の向上、これが「価格プレミアム」である。

図表4-2　強いブランドは、消費者の知覚品質を変える

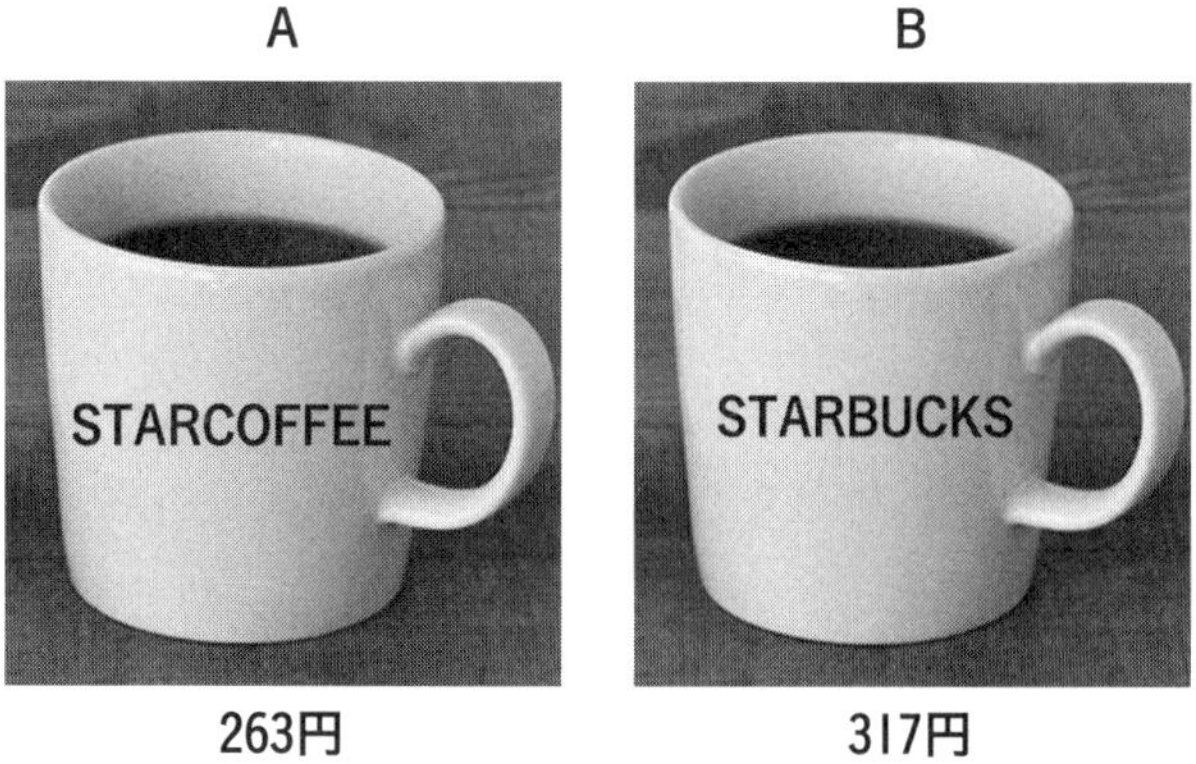

支払意思額は2割も違う！

（出所）全国消費者1000人調査（2020年）

③　リピート効果

数量プレミアム、価格プレミアムに続く、ブランドの３つ目の力は、リピート効果だ。

図表４－３の全国中小企業の調査結果を見てほしい。ブランド力が強い企業ほど、リピート顧客の比率が高いことが明らかだろう。

消費者の視点からも、ブランドのリピート効果をみてみよう。図表４－４は、消費者が認識するブランド力の強さと、その商品の継続利用意向をみたものである。ブランド力が強い商品ほど、消費者の継続利用意向が高いことは明らかだ。

「また買いたい」「また食べたい」「また行きたい」。ブランド力が強くなると、顧客

図表4-3　強いブランドを持つ企業ほどリピーターが多い

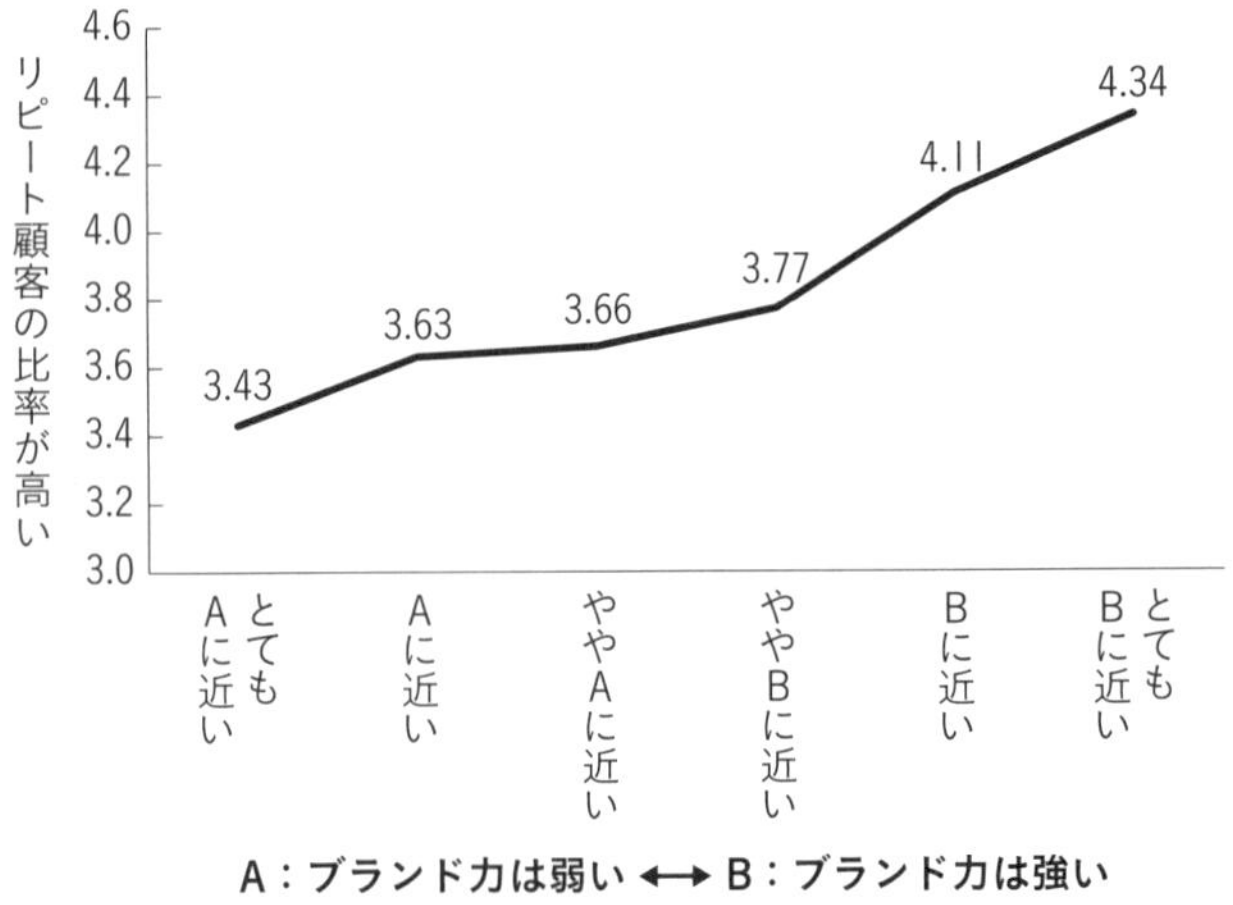

（注）数字は、リピート顧客比率（5ポイントスケール）の平均値
（出所）全国中小企業1000社調査（2020年）

図表4-4　強いブランドは、消費者のリピート意向が高い

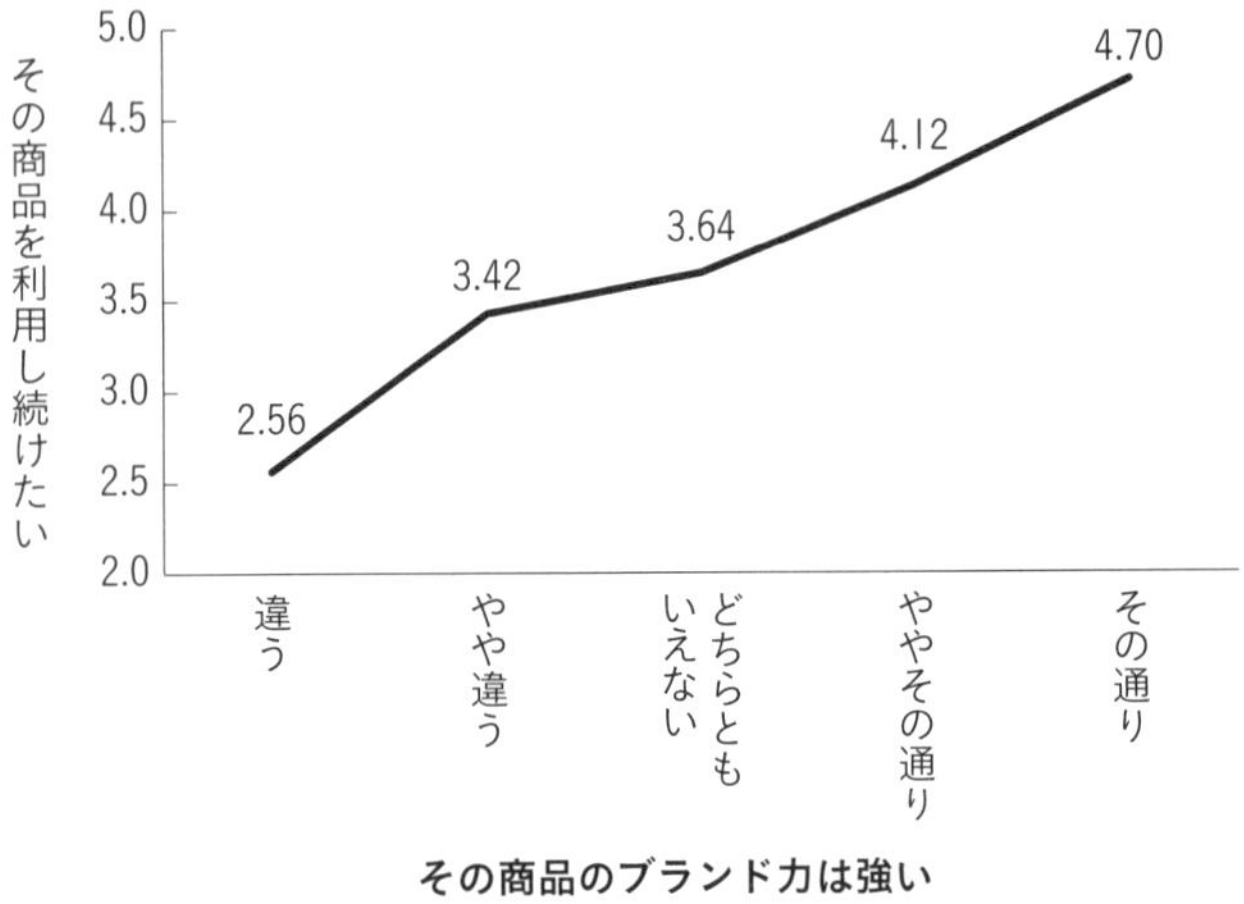

（注）数字は、5ポイント尺度の平均値
（出所）全国消費者1000人調査（2020年）

との絆が強まる。これがブランドのリピート効果である。

ブランド力と業況の関係

以上に述べたように、強いブランドは、数量プレミアム、価格プレミアム、リピート効果をもたらす。つまり、ブランド力が強くなれば、顧客数が増え、単価が向上し、リピート顧客が増えるということだ（図表4－5）。

この3つの相乗効果によって、強いブランドは、企業に好業績をもたらしてくれる。このことは企業のデータからも明らかだ。図表4－6をみてみよう。ブランド力が強い企業ほど、業況が良いことが分かるはずだ。

コロナ禍によって、中小企業の多くが深刻な影響を受けた。だが、その中でも例外的に、コロナ禍の悪影響を受けにくい企業群が存在する。これらの例外の中にある共通性、すなわち「例外中の共通性」にこそ、将来的な外部環境の変化に対応するために欠かせない条件があるはずだ。

コロナ禍に全国の中小企業を対象に実施した調査結果をみてみよう。

業態にかかわらず共通して浮かびあがってきた条件のひとつが、ブランド力の強さであ

図表4-5　強いブランド＝「数量プレミアム」×「価格プレミアム」×「リピート効果」

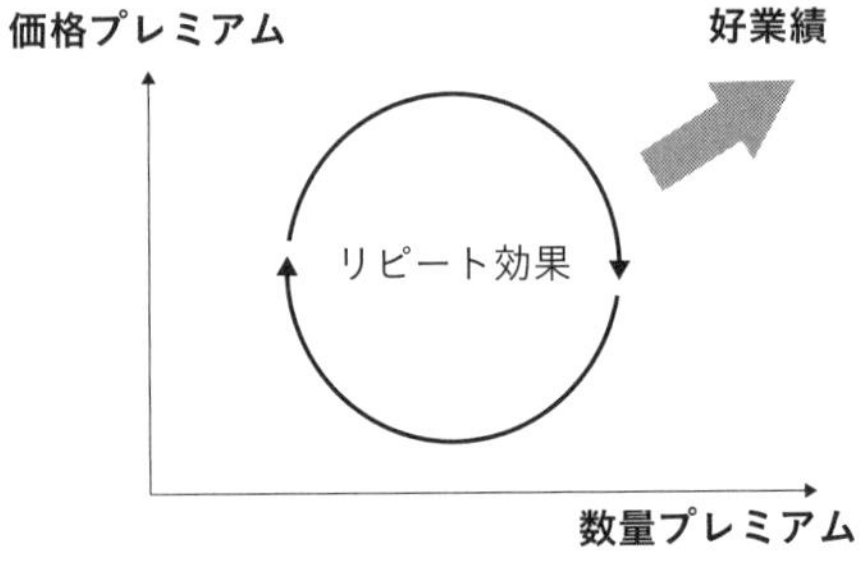

図表4-6　強いブランドを持つ企業ほど業況がよい

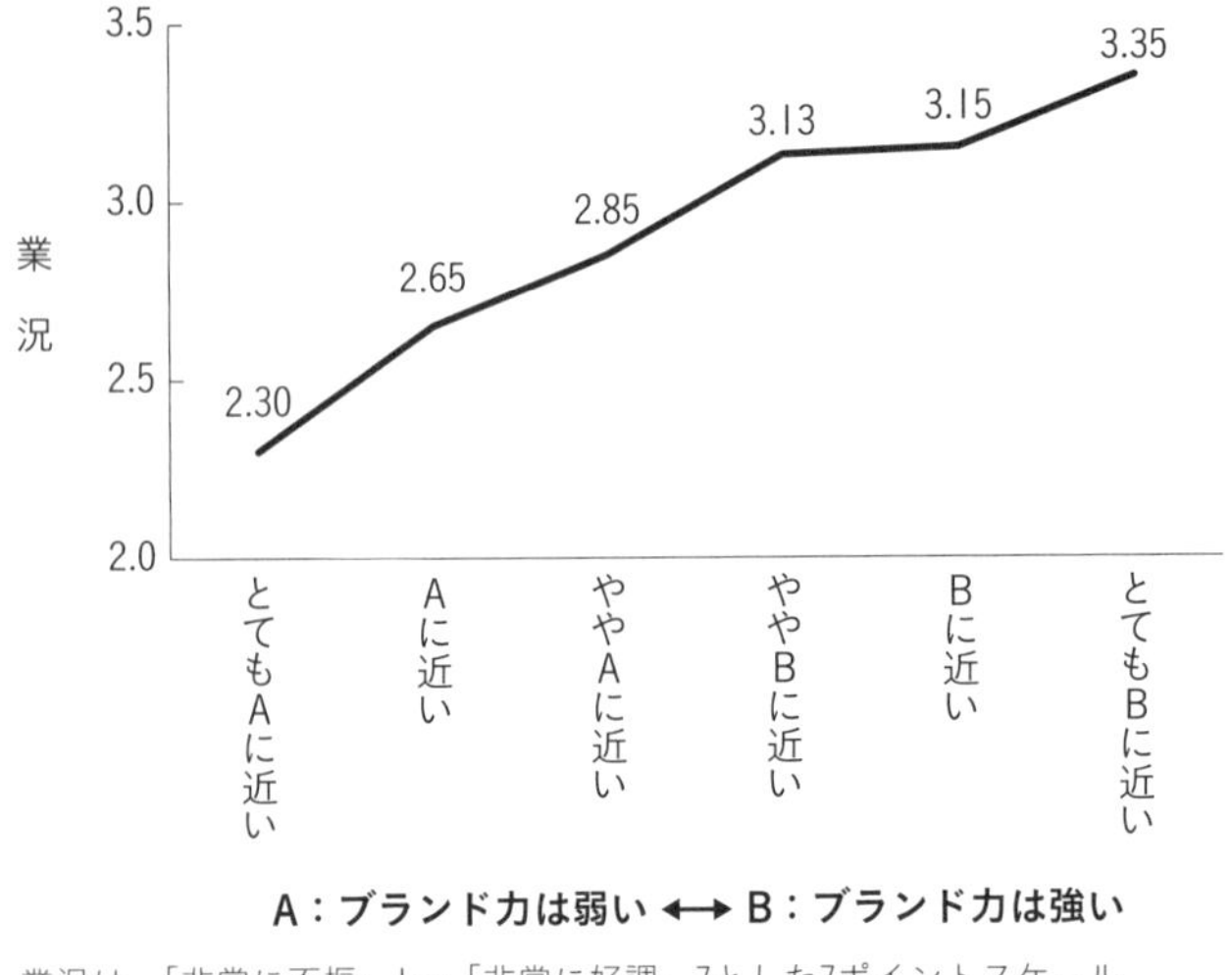

（注）業況は、「非常に不振」1～「非常に好調」7とした7ポイントスケール
（出所）全国中小企業1000社調査（2020年）

図表4-7　強いブランドを持つ企業ほどコロナ禍の悪影響が少ない

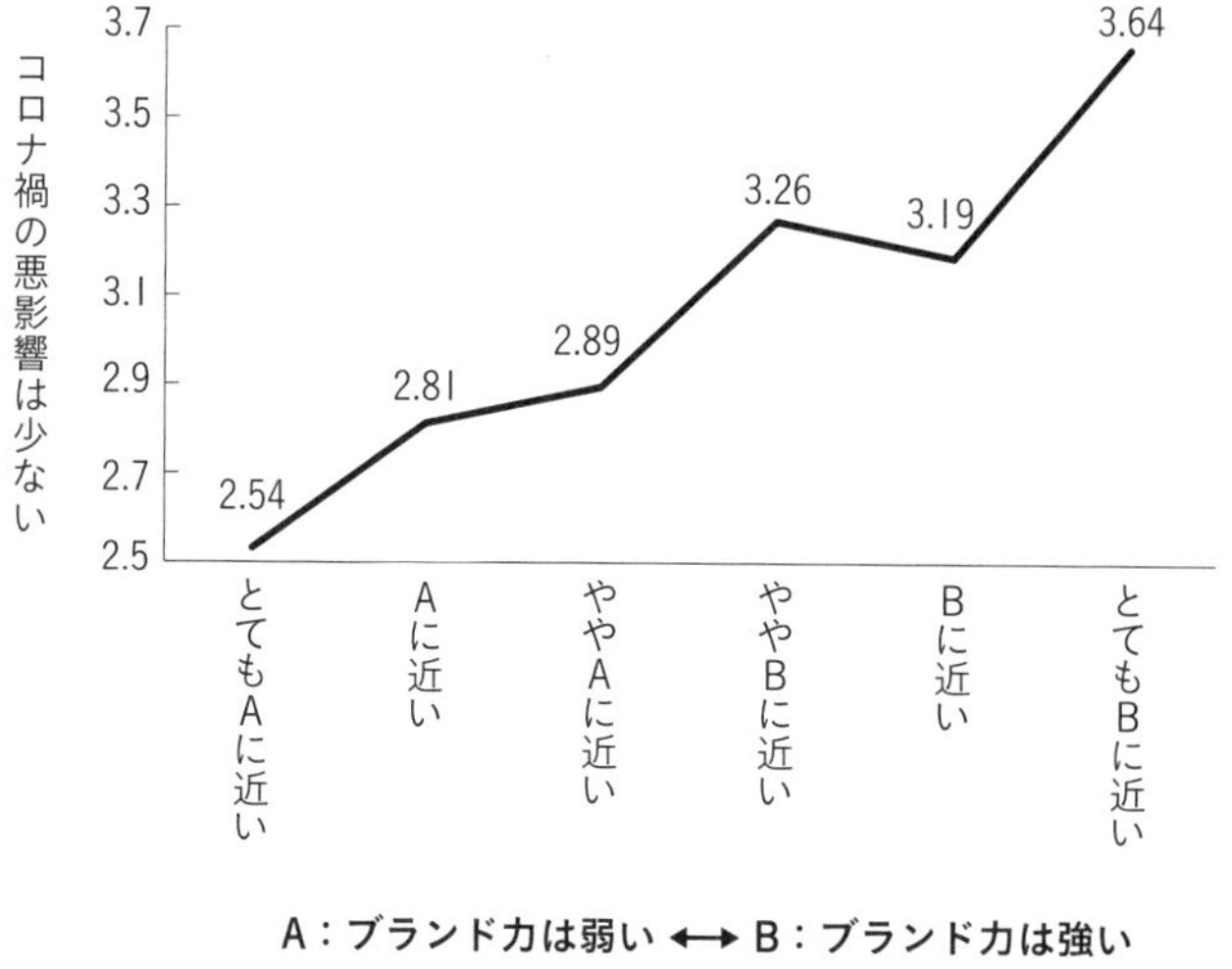

（注）数字は、「コロナ禍の悪影響は甚大」1～「悪影響はない」6とした尺度の平均値
（出所）全国中小企業1000社調査（2020年）

る。

図表4－7からも明らかな通り、ブランド力が強い企業ほど、コロナ禍の悪影響は少ない。強いブランドには、環境変化対応力があるということだ。

たとえば、アメーラについては、コロナ禍の2020年度、休業要請を受けた百貨店や高級レストランへの売上が減ったことから平均単価は前年比96％になったが、スーパーや通販での売上が増えたことから、出荷量は前年比103％となっている。結果的に販売額は前年比99％と、あまりコロナ禍の影響を受けていない。

「他のトマトは売れにくかった。アメーラは、ブランド力があったので、売ることには困らなかった」（流通業者）

ヨーロッパの高級ブランドも同様だ。地方百貨店へのヒアリング調査によると、コロナ禍においても、ルイ・ヴィトンは過去最大の売上になっているそうだ。ロレックスも入荷待ち状況が続いている。化粧品も、人々がマスクをしているため全体的には厳しいものの、シャネルなど、強いグローバルブランドはコロナ前の売上を超えている。

現代は、環境の変化が激しく、先が読みにくい時代だ。コロナ禍など、外部環境の変化は突然訪れる。このような時代において、外部環境変化への対応力を生み出してくれるブランドの意義は、これまでにも増して高まっているはずだ。

以下、強いブランドがもたらすメリットをまとめておこう。

【ブランドの力とは】

①　**数量プレミアム**
同じ品質でも、選ばれるものと選ばれないものがある。選ばれるのは、強いブランドである。

ゆえに、ブランド力が強くなると顧客数が増える。

②　**価格プレミアム**
強いブランドは、消費者の知覚品質を高め、支払意思額が向上する。
ゆえに、ブランド力が強くなると顧客単価が増える。

③　**リピート効果**
強いブランドは、顧客との絆を太くしてくれる。
ゆえに、ブランド力が強くなるとリピーターが増える。

④　**環境変化対応力**
強いブランドは、コロナ禍など外部環境変化の悪影響を受けにくい傾向にある。
ゆえに、ブランド力が強くなると環境変化への対応力が高まる。

ブランド力と知名度は違う

ここでブランドに関して、よくある誤解を解いておこう。ブランドづくりを「知名度を高めること」と言う人がいるが、これは間違いだ。知名度はブランド力ではない。

地域ブランドを例に考えてみよう。

たとえば、京都も、埼玉も知名度は、ほぼ１００％だ。いずれの地域にも、魅力的な資源が存在する。

では、京都と埼玉のブランド力は同じだろうか。

ブランドは買い手の心の中にある肯定的なイメージであるが、京都という地名を聞くと、ほとんどの人の頭の中に具体的なイメージが浮かぶ。

「そうだ、京都行こう」

こう聞くと何となく行きたくなる人が多いはずだ。

一方、埼玉という地名を聞いたときに、具体的なイメージが頭に浮かぶ人は、京都と比べると少数だ。

この例からも、知名度とブランド力は、同じではないことが示唆される。ブランドは、買い手の心の中にあるイメージである。名前を聞いたときに、イメージが浮かばなければ選ばれない。

考えてみよう。あなたにも、名前を知っていたとしても、買いたいと思わない商品は、たくさんあるはずだ。

知名度を高めるだけであれば、広告宣伝力がある大企業が圧倒的に有利だろう。広告宣伝で知名度を上げることはできたとしても、ブランド力を上げることは難しい。

そもそも、その商品を買う見込みがない人々の知名度を上げたとしても、ブランドづくりの観点からは、ほとんど意味がないかもしれない。

とくに、中小企業のブランドづくりで大切なのは、世間全体の知名度ではない。大切なのは、自社が想定するターゲット顧客に認知されて、その人々の心を引きつけることだ。

たとえば、アメーラのブランドづくりは、トマトに関心が高く、おいしい食には価値に見合うおカネを支払ってくれる人々をターゲットにしている。食に関心がない人や、トマトをあまり食べない人、おいしいトマトに関心がない人の知名度は、あまり重要ではな

図表4-8　アメーラの知名度

アメーラを知っていますか	
全国	17.1%
東京に住む食にこだわりがある女性	57.3%

（出所）全国消費者1000人調査（2020年）、東京都女性1000人調査（2018年）

い。

アメーラが想定する顧客像は、「都市部に居住するグルメな大人の女性」だ。図表４－８に示す通り、アメーラの日本全国での知名度は２割弱にとどまるが、東京都のグルメな女性に限ってみれば、その知名度は約６割に上る。

小さくても強い世界ブランドをめざす

ブランド力と知名度は違うと述べたが、ここで図表４－９をみてほしい。「ブランドＡ（知名度が高い）」と「ブランドＢ（知名度が低い）」のどちらが強いブランドといえるだろうか。

このケースで強いブランドは、「ブランドＢ」の方だろう。知名度は低いが、ターゲットを絞り込み、ターゲット顧客の利用率、リピート率が高く、顧客に愛されている。これが、中小企業のブランドづくりのイメージだ。

世界で輝く中小企業は、いずれも自分の得意分野に領域を絞り込

図表4-9　ブランドAとブランドBのどちらが強いブランドか

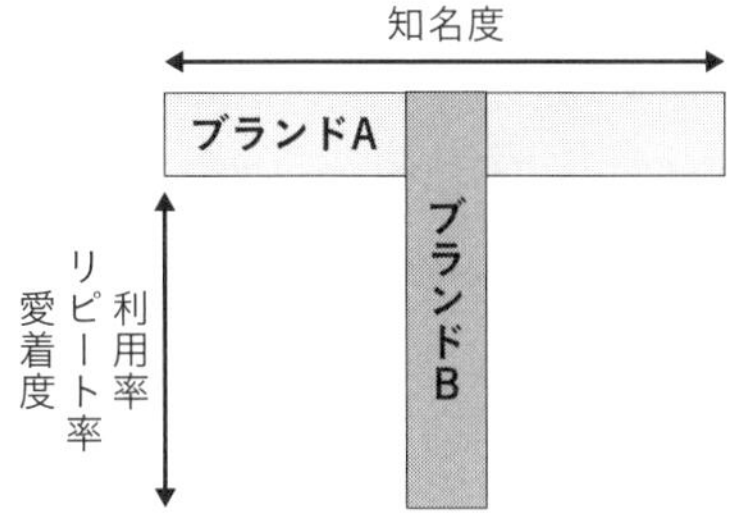

んでいる。アメーラが目指しているのは、食のトップブランドではない。農産物のトップブランドでもない。トマトのトップブランドでもない。目指すのは、高糖度トマトのトップブランドである。

第5章

どうすれば世界ブランドが生まれるのか

強いブランドの条件を探索する

ここまで、「ブランドとは何か」についてベクトル合わせをするとともに、「強いブランドが持つ力」をみてきた。強いブランドは、企業や組織に「数量プレミアム」「価格プレミアム」「リピート効果」「環境変化対応力」など、さまざまなメリットをもたらしてくれる。

では、どうすれば、強いブランドを生み出すことができるのだろうか。

本章では、国内と海外で実施した消費者調査結果をベースに、強いブランドの条件を探索することにしよう。強い世界ブランドを生み出す要因がわかれば、ブランドづくりの方向性がみえてくるはずだ。

本章で調査対象とした国は、アメリカ、イギリス、スペイン、シンガポール、日本の5か国である。

調査方法は、次の通りだ。

まず、各国の消費者に、選択肢なしに1つの商品を自由に思い浮かべてもらう。次に、思い浮かべた商品を多面的に評価してもらう。たとえば、その商品の「品質が高いか」「デザインが優れているか」「その商品に共感ができるか」「価格が安いか」といった質問について、「その通り」5〜「違う」1の5ポイントスケールで評価してもらった。続いて、その商品のブランド力を評価してもらった。

以上のデータを用いることによって、どのような要因がブランド力に影響を与えているのかを統計的に分析することが可能になる。

ブランド力を測定する3つの質問

ブランドの力は、買い手の心の中にあるため、目には見えない。そこで、まずはブランド力を次の3つの質問で把握し、このデータからブランド力の尺度（モノサシ）をつくることとした。

【ブランド力を測定する3つの質問】

① **その商品のブランド力は強いか**
（強い5・やや強い4・どちらともいえない3・やや弱い2・弱い1）

② **その商品には、単なる品質を超えた、何かしらの魅力があるか**
（ある5・ややある4・どちらともいえない3・あまりない2・ない1）

③ **価格と品質が同じだとすると、競合他社の商品ではなく、この商品を選択するか**
（そう思う5・ややそう思う4・どちらともいえない3・あまりそう思わない2・そう思わない1）

図表5-1　ブランド力の「モノサシ」をつくる

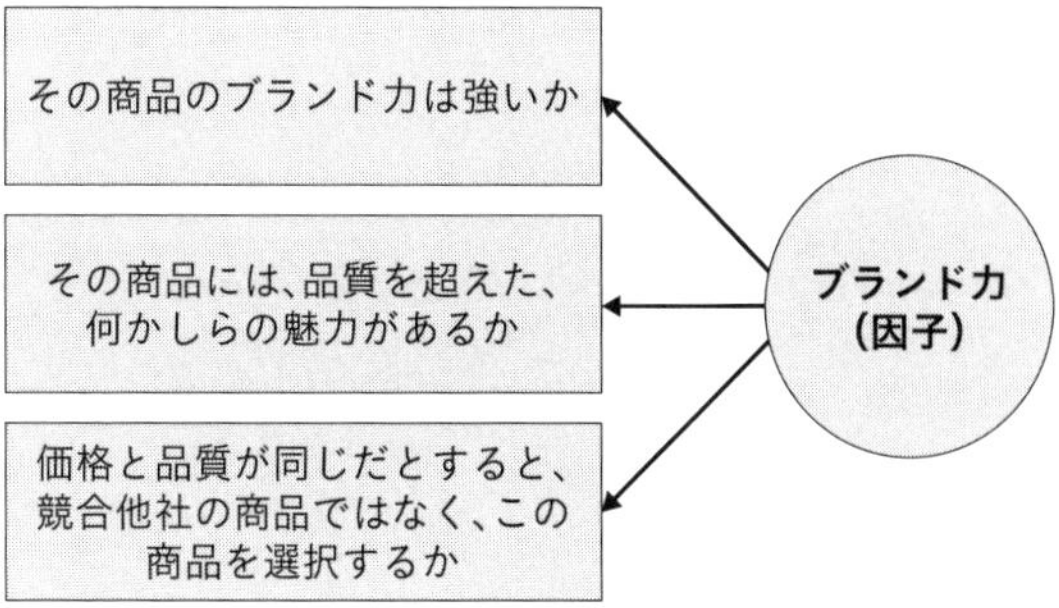

この３つの質問の回答を因子分析（複数の変数の背後にある要因を抽出する統計手法）で分析したところ、１つの因子が抽出された。つまり、この３つの質問に対する回答の背後には１つの共通因子が存在するということである。ここでは、この因子をブランド力と捉えることにしよう（図表５－１）。

強いブランドを生み出す４つの要因

ブランド力に影響を与えている要因が抽出できれば、どうすればブランド力を高めることができるのかが分かるはずだ。

ここでは、原因と結果を探るための統計手法である回帰分析（ステップワイズ法）を用いて、どのような要因がブランド力に影響を与えているかを探った。こ

図表5-2　どのような要因がブランド力に影響するのだろうか?

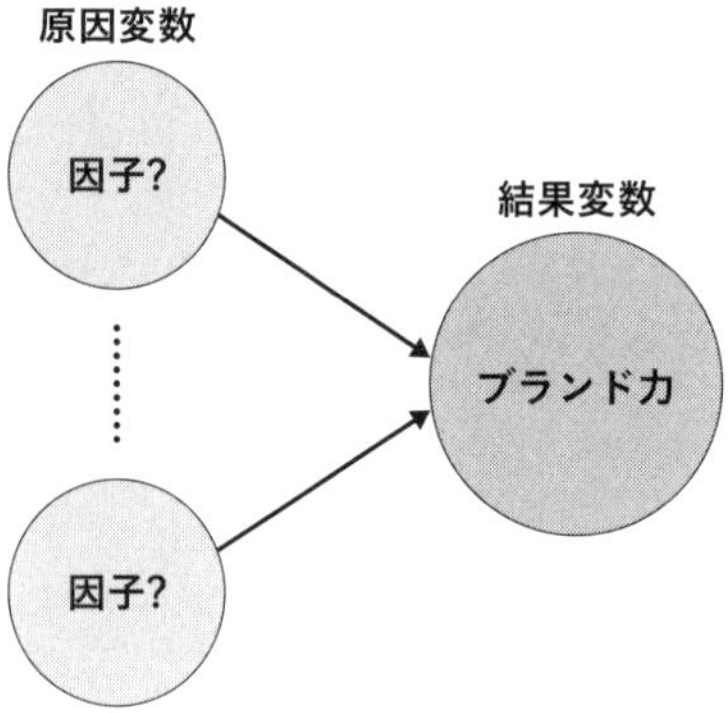

こで、原因変数（説明変数）は、因子分析という統計手法で抽出された商品の評価に関わる諸因子である。結果変数（被説明変数）はブランド力である（図表５－２）。

各国の消費者データの分析結果は、図表５－３のとおりである。

この図は、調査対象とした5カ国（アメリカ、イギリス、スペイン、シンガポール、日本）について、ブランド力に影響を与える要因（因子）を表示している。図中の数字は、ブランド力への相対的な影響度だ。

この結果を見て驚くのは、国にかかわらず、強いブランドに影響を与える要因が共通していることである。さらに、各要因がブランド力に与える影響度も類似している。

この結果が教えてくれることは、強いブランド

図表5-3　ブランド力に影響を与える要因の国際比較

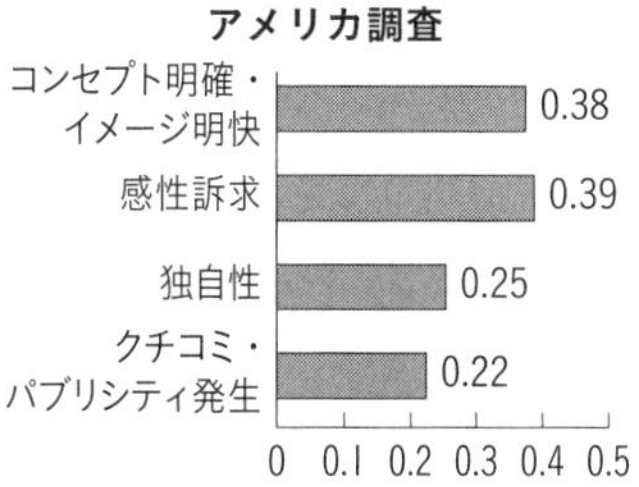

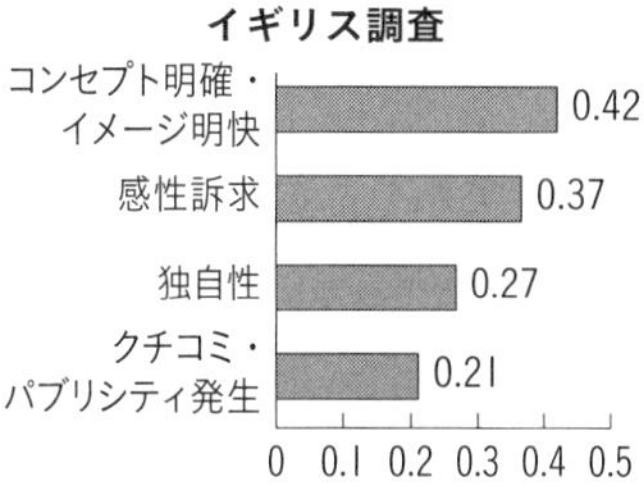

（注）数字は、標準化回帰係数。ここでは、「ブランド力」への相対的な影響力の大きさを示す。

（出所）アメリカ500人調査（2020年）

（出所）イギリス500人調査（2020年）

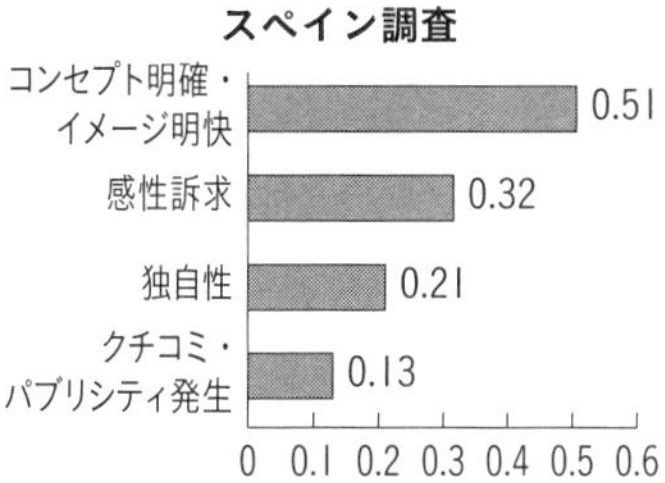

（出所）スペイン500人調査（2021年）

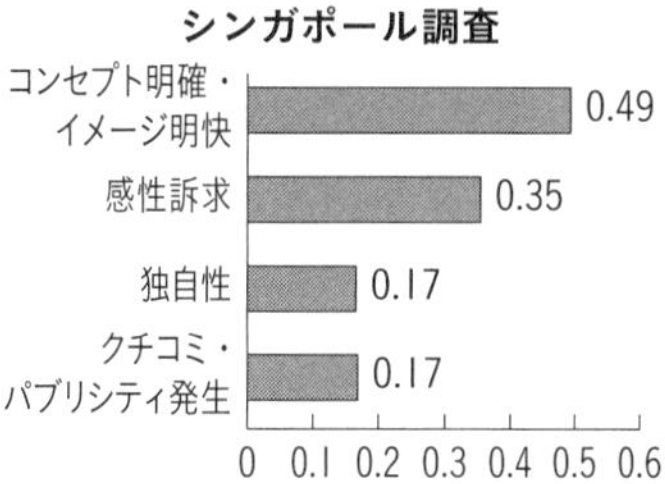

（出所）シンガポール500人調査（2020年）

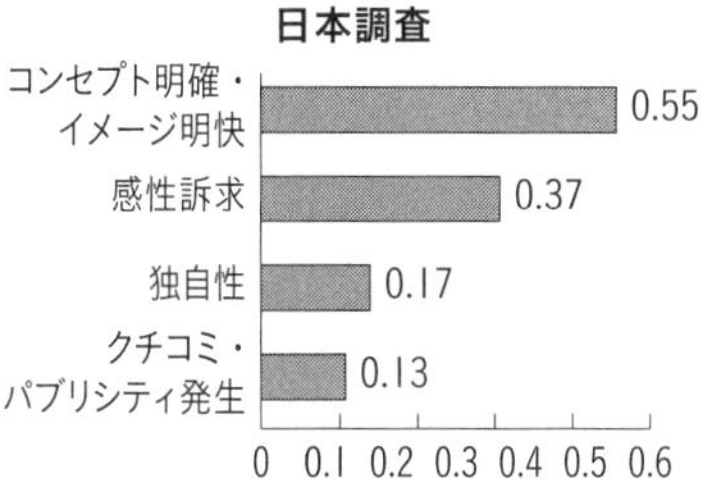

（出所）日本1000人調査（2020年）

図表5-4　ブランド力の規定要因（まとめ）

	アメリカ	イギリス	スペイン	シンガポール	日本
コンセプト明確・イメージ明快	◎	◎	◎	◎	◎
感性訴求	◎	◎	◎	◎	◎
独自性	○	○	○	○	○
クチコミ・パブリシティ発生	○	○	○	○	○
低価格	×	×	×	×	×

（注）◎はブランド力への影響度を示す標準化回帰係数が0.3以上、○は0.3未満で有意を示す。×は統計的な有意性はないことを示す。
（出所）アメリカ、イギリス、スペイン、シンガポール各国500人、日本1000人調査（2020、21年）

を生み出す要因には、国境を越えた共通性があるということだ。

ブランド力の規定要因として、各国の調査結果から統計的に抽出されたのは、相対的な影響度が高い順に以下の４つである。

①　コンセプトが明確・イメージが明快
②　感性に訴求する
③　独自性がある
④　クチコミ・パブリシティが発生しやすい

つまり、この４つの要因を向上させることによって、ブランド力が強くなるということだ。

ちなみに、いずれの国においても「価格の安さ」はブランド力に影響をまったく与えていなかった（図表５－４）。この点は後述しよう。

中小企業でも世界でのブランドづくりは可能だ

この４つのブランド力規定要因をみると、世界でのブランドづくりに、企業規模の大小による有利不利は、ほとんどないことがわかるはずだ。

コンセプトを明確にして明快なイメージを生み出すことや、独自性の追求に、企業規模の大小は関係ない。逆に、小さな企業のほうが、イメージを明快にしやすいかもしれない。

顧客の感性に訴求することも、大企業だから有利だということはない。クチコミやパブリシティも同様だ。クチコミやパブリシティの発生に企業規模は関係ない。クチコミやパブリシティは、広告と違い、費用は不要だ。

この結果は、小さな企業でも、世界に目を向けたブランドづくりは可能であるということを教えてくれる。

次に、ブランド力を規定する４つの要因について、具体的に見ていこう。

①　コンセプトとイメージ
——コンセプトを明確にし、イメージが明快になることで、ブランド力は強くなる

ブランド力に影響する第一の要因は、「コンセプト明確・イメージ明快」因子である。すなわち、強いブランドは、売り手側のコンセプトが明確であり、そのコンセプトが買い手に伝わり、買い手側に明快なイメージが形成されている。

たとえば、アップルのブランド力が強いのは、人々が「アップル」と聞いたときに、明快なイメージが浮かぶからだ。

具体的に「コンセプト明確・イメージ明快」因子を構成する変数（因子負荷量が０・５以上の質問項目。以下同じ）は、次の通りである。つまり、これらの変数の評価を高めることによって、ブランド力が強くなるということだ。

「コンセプト明確・イメージ明快」因子を構成する変数
- その商品のコンセプトが明確である
- その商品のイメージが明快である

- 企業側の思いが伝わる商品である
- その商品に共感ができる

②　感性訴求
——買い手の感性に訴えることで、ブランド力は強くなる

ブランド力の強さに影響する第二の要因は、「感性訴求」因子である。強いブランドは、人の頭（mind）だけでなく、心（heart）にも訴求しているということだ。

具体的に「感性訴求」因子を構成する変数は次の通りだ。これらの変数の評価を高めることによって、ブランド力は強くなる。

「感性訴求」因子を構成する変数
- 感性に訴える商品である
- デザインが優れている
- センスを感じる商品である

- 品質が高い
- 高級である

アップルが世界一のブランドなのは、コンピュータの処理能力や記憶容量の大きさなどの機能が世界一だからではない。

「僕たちはエンジニアじゃなくて、芸術家なんだ」（スティーブ・ジョブズ）

アップルのブランドが強いのは、デザイン、ストーリー、独自の世界観といった情緒的な価値で人の心をつかんでいるからだ。

コカ・コーラのブランド力が強いのも、スターバックスのブランド力が強いのも、同様だろう。機能が世界有数だからではなく、世界の人々の感性に訴えているからだ。

機能性食品は多いが、情緒性食品は少ない

これまで食関連の分野においては、どちらかというと機能性が注目されてきた。図表5

図表5-5　「機能性食品」と「情緒性食品」の比較

「機能性食品」と「情緒性食品」の検索結果

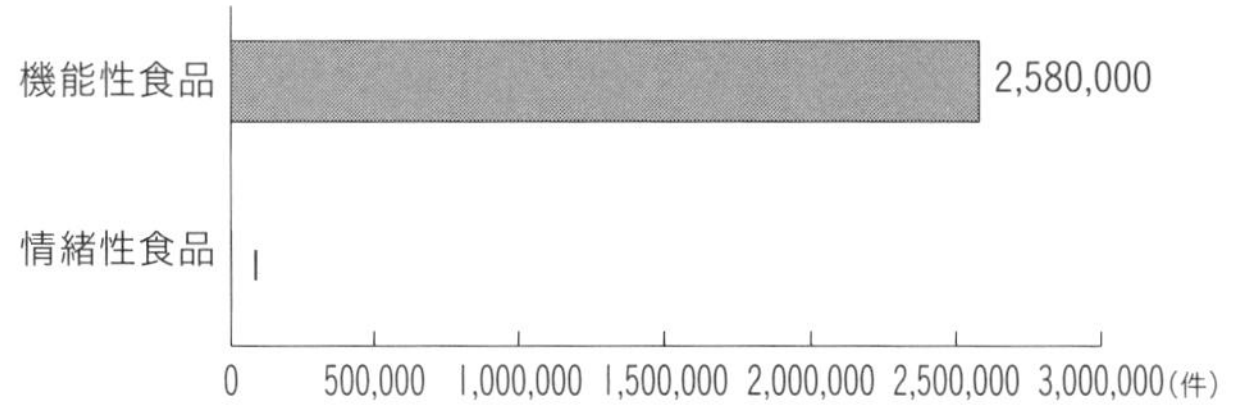

（出所）Googleで2021年5月13日検索（検索条件：語順も含め完全一致）

「functional food」と「emotional food」の検索結果

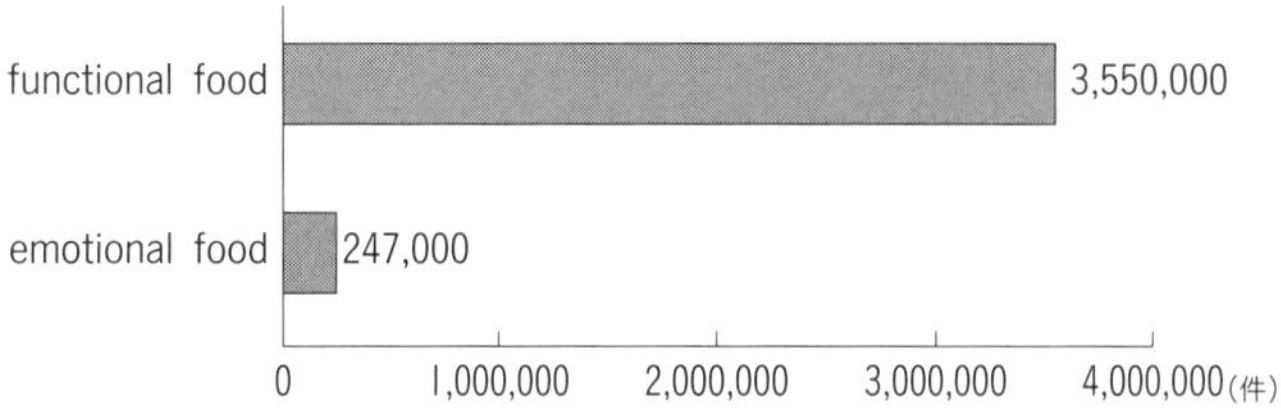

（出所）Googleで2021年5月13日検索（検索条件：語順も含め完全一致）

－5は、「機能性食品（functional food）」と「情緒性食品（emotional food）」という言葉を検索エンジンで検索した結果である。

「機能性食品」では検索結果（「語順も含め完全一致」条件）が、258万件に上るが、「情緒性食品」の検索で引っかかるのは、なんと1件だけであった。「functional food」と「emotional food」との比較においても同様だ。後者「emotional food」の出現頻度は極めて低い。

飲料の分野も同様の傾向にある。

図表5-6 「機能性飲料」と「情緒性飲料」の比較

「機能性飲料」と「情緒性飲料」の検索結果

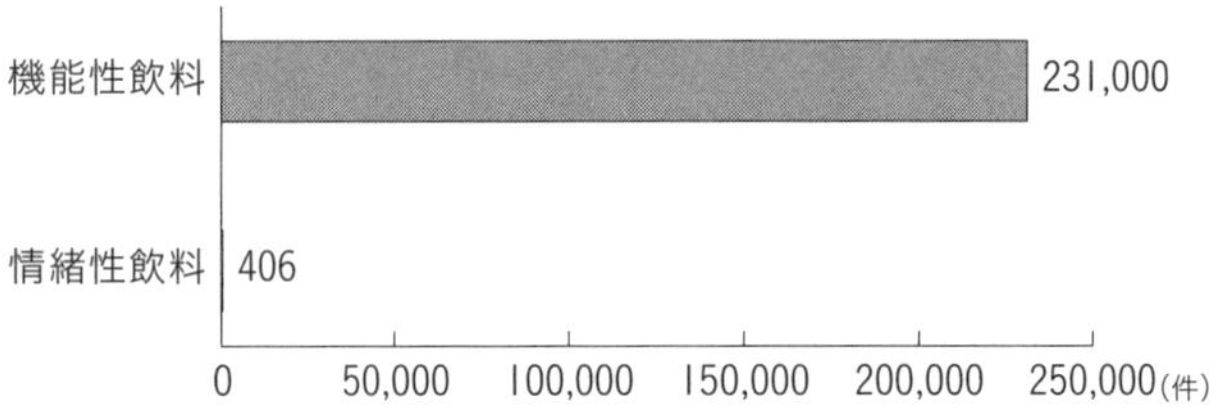

（出所）Googleで2020年3月20日検索（検索条件：語順も含め完全一致）

「functional beverage」と「emotional beverage」

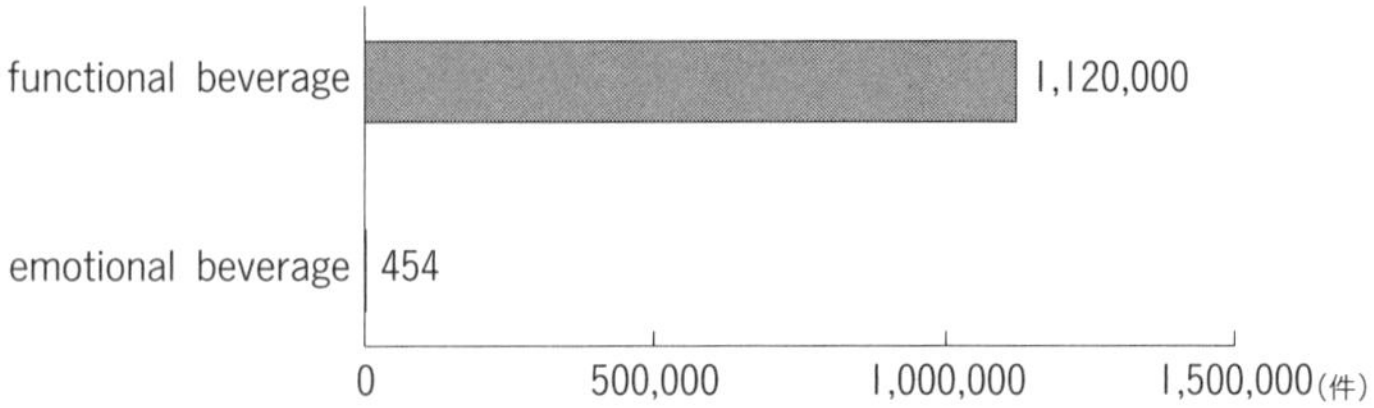

（出所）Googleで2020年3月20日検索（検索条件：語順も含め完全一致）

「機能性飲料（functional beverage）」と「情緒性飲料（emotional beverage）」という言葉を検索エンジンで検索した結果をみてみよう（図表５－６）。

「機能性飲料」では検索結果（「語順も含め完全一致」条件）が、23万件に上るが、「情緒性飲料」の検索で引っかかるのは、わずか４０６件しかない。

「functional beverage」と「emotional beverage」との比較においても、前者が１１２万件に上っているのに対して、後者「emotional beverage」の出現頻度はわずか４５４件と極めて少ない。グラフにすると目に見えないほどだ。

「情緒性食品」、「情緒性飲料」といった人々の感性や心に訴える分野では、まだ有望なマーケットが残っていることを示唆する結果だろう。

たとえば、日本を代表する飲料である緑茶の海外展開を考えてみよう。

「緑茶を飲んで健康に」「緑茶カテキンの健康効果」など機能性を訴えると、世界には競合が多く、数ある既存商品のジャングルに埋もれてしまう可能性が高い。機能だけであれば、サプリメントで十分かもしれない。

一方、「緑茶で安らぎを」「心を落ち着かせる緑茶」と情緒性を訴えれば、競合は少なく、独自のポジションを築ける余地が生まれる。

ストレスや不安が多い現代の社会において、情緒性飲料には追い風も吹いている。「安らぎ」「心の落ち着き」「マインドフルネス」といったメッセージは、和の世界観や禅の精神とも調和するので、世界からの共感も受けやすいはずだ。

機能だけで強いブランドは生まれない

機能性だけで強いブランドが生まれないことは、たとえば、時計の産業をみても、よくわかる。

今日、世界でブランド力が圧倒的に強い時計は、極めて正確に時間を刻む日本発のクオーツ時計でもなく、デジタル時計でもなく、さまざまな機能を有したスマートウォッチでもない。スイスの機械式のアナログ時計だ。

正確な時間を知るだけであれば、クオーツ時計で十分だ。今は、100円ショップでもクオーツ時計を買うことができる。

スイス時計のブランド力が高いのは、時間を知るための道具（機能的価値）ではなく、ファッションアイテム（情緒的価値）として位置づけたからである。

「理性は、情念の奴隷である」（デイビッド・ヒューム、18世紀の哲学者）

強いブランドを生み出すためには、まずは、人々の心に訴えることが欠かせないということだ。

③　独自性
――独自性を高めることによって、ブランド力は強くなる

ブランド力の強さに影響する第三の要因は、「独自性」因子だ。強いブランドは、独自性の追求から生まれる。人まねをしても、強いブランドは生まれない。他と同じであれば、選ばれるのは価格が安い商品や利便性が高い商品だろう。

具体的に「独自性」因子を構成する変数は、次の通りである。これらの変数の評価を高めることによって、ブランド力が強くなるということだ。

「独自性」因子を構成する変数

- その商品を他の商品で代替することが難しい
- その商品の独自性が高い
- 競合商品が少ない商品である

今日、世界における日本ブランドの存在感が弱くなっているのは、独自性に課題がある

のかもしれない。

新たなことを提案すると、「前例はあるのか」「成功事例を集めてくるように」と上司から指示された経験はないだろうか。他社の成功事例のマネをしても、成功事例にはかなわない。強いブランドは、独自性の追求で生まれる。

「前例踏襲」「他社の成功事例」「ヨコ展開」といった言葉は、ブランドづくりのNGワードだ。

海外でのブランドづくりも同様だ。「現地に存在しない商品」もしくは、「既存商品との明確な差異がある商品」で勝負することが欠かせない。

「ひと真似をするな。他人がやらないことをやれ」

（ソニー創業者 井深大）

「商品を生産する立場に立っている私たちは模倣が許されない。私たちはあくまで独創性を追求していかなければならないのである」

（ホンダ創業者 本田宗一郎）

戦後の小さな町工場だったソニーとホンダが、日本を代表するグローバルブランドになったのは、創業時から一貫して、独自性を追求したからだろう。

④　クチコミ・パブリシティ発生
――クチコミやパブリシティを促することによって、ブランド力は強くなる

ブランド力の強さに影響する第四の要因は、「クチコミ・パブリシティ発生」因子である。強いブランドは、企業からの情報発信ではなく、顧客やメディアが生み出す情報（クチコミ、パブリシティ）によって生まれているということだ。

具体的に「クチコミ・パブリシティ発生」因子を構成する変数は次の通りである。これらの変数の評価を高めることによって、ブランド力が強くなるということだ。

「クチコミ・パブリシティ」因子を構成する変数

- その商品のクチコミを聞くことが多い
- その商品の評判をＳＮＳで見ることが多い
- インターネットの記事で見ることが多い
- クチコミをしたくなる商品である
- テレビ番組、雑誌・新聞記事で見ることが多い

ブランド力は、「どれだけ情報発信をするのか（広告）」ではなく、「どれだけ情報発信されるのか（パブリシティ）」「自社商品について顧客がどれだけ語るのか（クチコミ）」で決まる。ブランドづくりにおいて大切なのは、「情報発信力」ではなく、「情報発生力」である。

アップルのブランド力を高める大きな原動力となったのも、パブリシティとクチコミだ。創業者のスティーブ・ジョブズは、製品のプレゼンテーションの名人として有名だ。彼のプレゼンテーションは、爆発的なメディアの報道、パブリシティを生み出していた。ジョブズが話題の新製品を発売するたび、タイム誌、ニューズウィーク誌、ビジネスウィーク誌など有力誌の表紙を飾っていた。膨大なパブリシティは、消費者の熱狂的なクチコミの連鎖を生み出した。

「広告費がないからブランドづくりができない」は本当か

小さな企業の中には、「大企業と違って広告予算がないから、ブランドづくりはできない」と言う人がいるが、そのようなことはない。クチコミもパブリシティも基本的に無料だ。広告予算がゼロでもブランドはつくれる。

広告をたとえてみると、お金をかけて自分で「自分はいい人です」というようなものだ。一方で、クチコミは、お金をかけずに知人が「あの人はいい人です」と言ってくれる。パブリシティも同じく、お金をかけずにメディアが「あの人はこんな人です」と客観的な情報を伝えてくれる。

広告とクチコミパブリシティ、どちらのほうが信頼性は高いだろうか。どちらが人の心を動かすだろうか。

もしも、広告だけで強いブランドを生み出せるとしたら、広告宣伝予算を潤沢に持つ大企業の商品はどれも強いブランドになるはずだが、現実はそうではない。

ブランドは、クチコミとパブリシティでつくられるということだ。

ここまで強いブランドを生み出す要因について検討をした。あらためて、ここで明らかになった４つのポイントをまとめておこう。

強いブランドを生み出すための４つのポイント

- 明確なコンセプトと明快なイメージで、強いブランドが生まれる。

- 感性に訴求することで、強いブランドが生まれる。
- 独自性によって、強いブランドが生まれる。
- クチコミとパブリシティで、強いブランドが生まれる。

「イメージ明快」と「感性訴求」の要因は各国とも共通

いずれの国の調査結果も、ブランド力に影響を与える上位2つの要因が共通している。それは、「コンセプト明確・イメージ明快」と「感性訴求」だ。

図表5－7をみてみよう。イメージが明快か否か、感性に訴えるか否か。この2つの要因だけで、ブランド力の強さがほぼ決まっていることがわかる。

「感性に訴える」かつ「イメージが明快」な商品をみると、強いブランドの割合は、アメリカは94・2％、イギリス88・9％、シンガポール94・1％、日本80・5％にまで達している。

一方、この2条件が「やや感性に訴える」かつ「ややイメージが明快」以下になっただけで、強いブランドの割合は、大きく減少する。

図表5-7　強いブランドの割合（%）

アメリカ調査

	感性に訴える	「やや」以下
イメージが明快	**94.2**	84.4
「やや」以下	81.3	48.5

イギリス調査

	感性に訴える	「やや」以下
イメージが明快	**88.9**	73.3
「やや」以下	70.4	44.7

（注1）数字は「強いブランド」の割合。ここでは「その商品ブランド力が強いか」の質問で、5段階尺度の「5（その通り）」を選んだ人の比率。
（注2）表のセルは、「感性に訴えるか」「イメージが明確か」の2つの質問で、5段階尺度の「5（その通り）」を選んだか、否か「4（ややその通り）」以下で、2分割。
（出所）アメリカ500人調査（2020年）　　（出所）イギリス500人調査（2020年）

スペイン調査

	感性に訴える	「やや」以下
イメージが明快	**91.1**	73.2
「やや」以下	64.5	27.7

（出所）スペイン500人調査（2021年）

シンガポール調査

	感性に訴える	「やや」以下
イメージが明快	**94.1**	80.2
「やや」以下	70.6	34.6

（出所）シンガポール500人調査（2020年）

日本調査

	感性に訴える	「やや」以下
イメージが明快	**80.5**	71.2
「やや」以下	47.0	16.5

（出所）日本500人調査（2020年）

2条件が、「やや」評価以下になると、強いブランドの割合は、アメリカでは45・7ポイント減の48・5%、イギリスが44・2ポイント減の44・7%、シンガポールが59・5ポイント減の34・6%、日本は64・0ポイント減のわずか16・5%にまで落ち込んでしまう。

「イメージの明快さ」や「感性への訴求」において、消費者から「やや……」といった中途半端な評価を受ける商品は、強いブランドにならないということだ。

「イメージ×感性」のマトリクス表

- その商品のイメージは明快か？
- その商品はターゲット顧客の感性に訴えるか？

ここまでの分析結果から、この2つの質問だけで、その商品が強いブランドになれるのか否かをおおむね評価することができるはずだ。

あなたのブランドを、図表5－8に示す、「イメージ×感性」のマトリクス表（行列表）

にあてはめてみよう。どこのセルに○がついただろうか。

強いブランドになるのは、この表の左上に○がつく企業や商品だ。それ以外のところに○がついた場合は、左上へのシフト、すなわち、明快なイメージを生み出し、買い手の感性に訴えることが欠かせない（図表5－9）。

「価格の安さ」でブランドはつくれない

日本の企業は、海外マーケットで「コスト競争に勝つこと」や「いかに安く売るのか」を重視する傾向があるが、いずれの国の調査結果をみても、「価格の安さ」は、ブランド力に影響を与えていない。低価格戦略では、強いブランドを築くことはできないということだ。

- **価格が安いという理由で、ディズニーランドに行く人はいるだろうか。**
- **価格が安いという理由で、スターバックスに行く人はいるだろうか。**
- **価格が安いという理由で、アップルの製品を買う人はいるだろうか。**

図表5-8　「イメージ×感性」のマトリクス表
あてはまるセルに○をつけてみよう

イメージが明快か（横軸）／感性に訴求しているか（縦軸）

	その通り	やや その通り	どちらとも いえない	やや違う	違う
その通り					
やや その通り					
どちらとも いえない					
やや違う					
違う					

図表5-9　ブランドづくりの基本は、左上のポジションに向かうこと

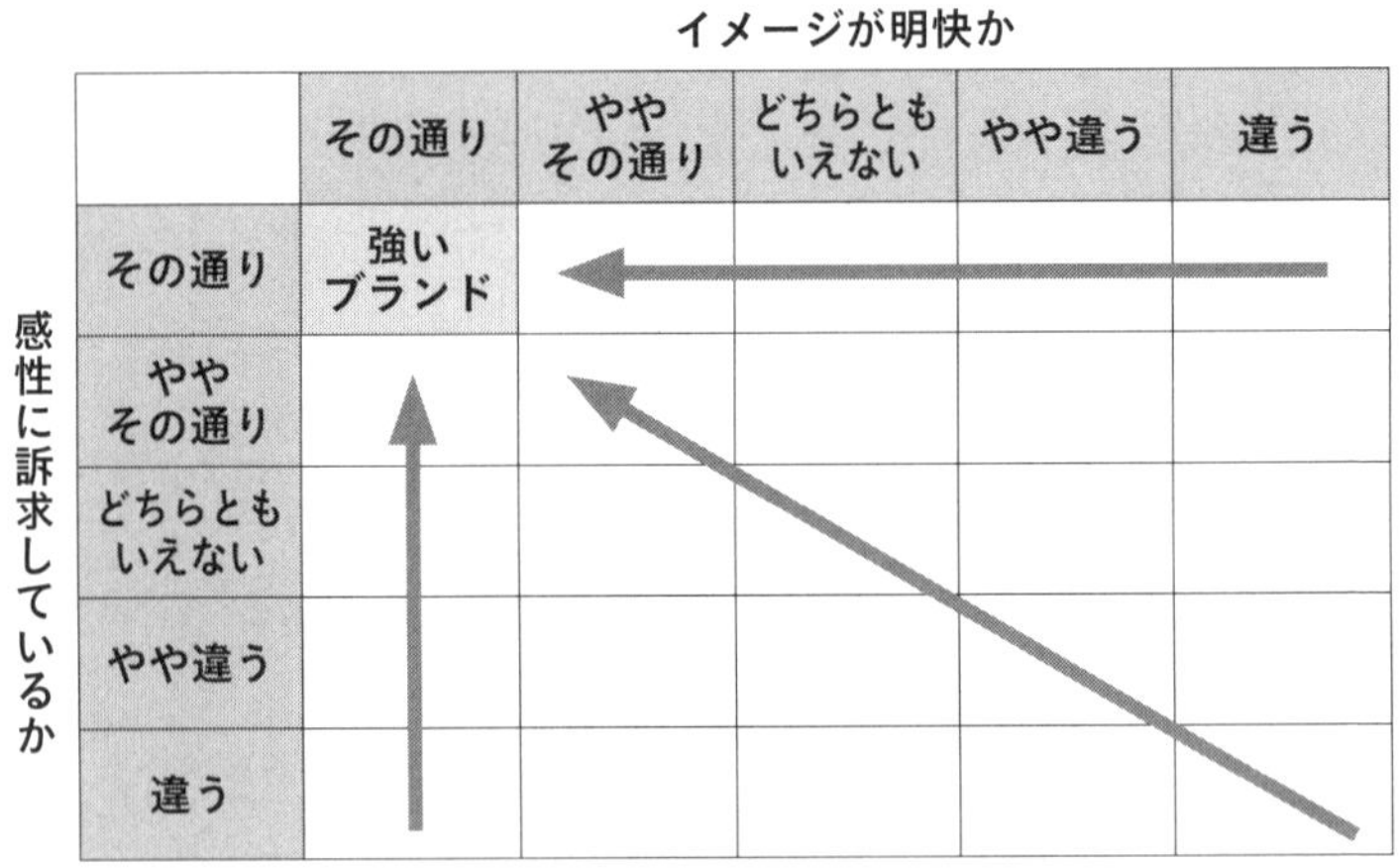

強いブランドは、価格以外の魅力で人々の心を引きつけている。ブランドづくりで大切なのは、「いかに安く売るか」を考えることではなく、「いかに安く売らずに済むのか」を考えることだ。

価格を下げなければ顧客を引きつけることができないとしたら、その商品は、すでにブランドではない。

なぜ、日本企業は世界でのブランドづくりに苦戦するのか

ここまでの分析結果からは、なぜ今日、多くの日本企業が、国境を越えたブランドづくりに苦戦するのかが見えてくる。

おそらく、次に当てはまるケースが多いからだろう。

- **ブランドの理想の姿が明確でない**
- **みんながやるから自社もやる**
- **他社の成功事例のマネをする**
- **顧客に伝わる明快な独自性がない**

●顧客の感性に訴求せず、機能で勝負をしようとする
●価格を安くして、売上を増やそうとする

これらの6条件のどれか一つでも該当していたら、強いブランドにはなれないはずだ。

消費者がイメージする強いブランド

ところで、各国の消費者調査において、強いブランドと評価された商品は、どのようなブランドなのだろうか。ここで、「その商品のブランド力は強いか」との質問で、「強いブランド」（5段階評価の5点）と評価されたブランドを国別にみてみよう。

結果を示したのが図表5－10である。

自由にブランドを思い浮かべてもらったにもかかわらず、国を超えて共通するブランドがいくつか存在する。今回調査対象とした5か国、いずれの国でもベスト5に入っているのは、「ナイキ」と「アップル」だ。

まさに、この2社は、強力な世界ブランドといえるだろう。強いブランドに国境はないということだ。

図表5-10　各国の調査で「強いブランド」と評価されたブランド（トップ5）

順位	アメリカ	イギリス	スペイン	シンガポール	日本
1	Coca-Cola	Samsung	NIKE	Samsung	トヨタ
2	NIKE	NIKE	Coca-Cola	Apple	アップル
3	Pepsi	Apple	adidas	NIKE	パナソニック
4	Apple	adidas	Samsung	Nestle	ユニクロ
5	Samsung	Coca-Cola	Apple	BMW	ナイキ

（出所）アメリカ、イギリス、スペイン、シンガポール各国500人、日本1000人調査（2020、21年）

ちなみに、日本企業のブランドは、海外調査では、トップ5にランキングされていない。トップ5に日本ブランドが出現するのは、日本人を対象とした調査だけだ。

今日、日本の企業が、世界でのブランドづくりに勝てなくなっていることを示唆する結果かもしれない。

一方、海外の調査国すべてにおいて、韓国の「サムスン」が上位5位内に入っている。海外での調査で、ランクに入っているブランドとしては、アジアで唯一だ。

韓国の人口は5千万人ほどで、日本の半分に満たない。国内マーケットは限られるため、当初から、世界をターゲットとしたブランド戦略を進めた結果だろう。

日本には、韓国と比べ大きな国内マーケットが存在しているため、内向きのブランドづくりを行う傾向がある。「まずは国内。次に海外」といったイメージだ。これでは、最初からグローバルを見据えたブランドには勝てない。日本企業が世界ブランドになるためには、当初から、海外マーケットを見据えたブランドづくりを行うことが欠かせない。

アップルもナイキも日本に影響を受けている

日本は、世界ブランドを生み出すポテンシャルはないのだろうか。

そのようなことはない。元来、日本には、世界ブランドを生み出す力があるはずだ。前述の消費者調査でいずれの国においてもトップ5に入っている「アップル」と「ナイキ」。世界最強のブランドである両社の創業者、スティーブ・ジョブズとフィル・ナイトの共通点は、日本との関係の深さだ。両社が世界ブランドになるためには、日本的な要素が欠かせなかったということだろう。具体的に見てみよう。

① 禅と日本美術の影響

スティーブ・ジョブズもフィル・ナイトも若い時に禅に出会い、禅から大きな影響を受けている。二人は、若い時に曹洞宗の僧侶・鈴木俊隆著の『禅マインド ビギナーズマインド』、哲学者オイゲン・ヘリゲル著の『弓と禅』に出会い、愛読書としていた。

ナイキの共同創業者であるフィル・ナイトの自伝『ＳＨＯＥ ＤＯＧ』の扉ページに引用されているのは、鈴木俊隆『禅マインド ビギナーズマインド』の言葉だ。この自伝では、ヘリゲル『弓と禅』の文章を繰り返し引用し、禅の精神について何度も言及している。

また、アップル創業者のスティーブ・ジョブズは終生、禅と深くかかわり、禅僧の鈴木俊隆と知野（乙川）弘文を師と仰いでいた。彼はこう語っている。

「僕は禅に大きな影響を受けるようになった。日本の永平寺に行こうと考えたこともある」

ジョブズの結婚式を執り行ったのは曹洞宗の僧侶・知野弘文だ。結婚式では、弘文が木魚を叩き、銅鑼を鳴らし、香を炊いてお経をあげた（アイザックソン『スティーブ・ジョブズⅠ、Ⅱ』）。

ジョブズに影響を与えたのは、禅だけではない。禅に触れる以前、10代の頃、親友の家で見た日本の新版画家、川瀬巴水《かわせはすい》からも大きな影響を受けている（ＮＨＫ ＮＥＷＳ

WEB「スティーブ・ジョブズ「美」の原点」)。


「巴水こそベストだ！」

「シンプルがいい。この美的センスが好きだ。この感性が好きだ」


ジョブズは、巴水の美的センスに強く共鳴していた。彼は日本に来るたびに画廊を訪れ、巴水の新版画の購入を続けた。彼が好んだのは、無駄を省いた洗練された作品だ。

ジョブズがマッキントッシュ・コンピュータを発表する2週間前には日本で巴水の作品4点を購入している。たびたび日本を訪れていたジョブズは、亡くなる半年前にも京都を訪ねている。亡くなる前の病床には、巴水の版画の額がかかっていたそうだ。

ジョブズがつくったアップル製品が、ぎりぎりまでそぎ落としたミニマリズム的な美を追究するのも、ジョブズの厳しく絞り込んでいく集中力も、その原点は禅の精神や巴水の作品など日本的なものにあるのだろう。

②　日本企業の影響

スティーブ・ジョブズもフィル・ナイトも、創業の段階から、日本企業の影響を受けている。

フィル・ナイトのスポーツシューズ・ビジネスの原点は、日本のオニツカタイガーのブランドに心惹かれ、米国でタイガーブランドのランニングシューズの輸入販売を始めたことだ。

ナイトがスポーツシューズ・ビジネスを始める原点は、彼がスタンフォード大学のMBA在籍時のレポートで「日本製のランニングシューズをつくる」という起業プランを書いたことだ。

またナイトとジョブズがともに影響を受けた企業がある。ソニーである。

「私たちにも手本とする会社がある。たとえばソニーがそうだ」

「問われると、私は幾度となく自分の会社をソニーのようにしたいと答えていた」（フィル・ナイト）

ジョブズは、次のように語っている。

「トリニトロン、ウォークマンといった。ソニー製品にどれだけわくわくしたか」

「コンピュータ界のソニーになりたい」
「私たちは、ソニーを尊敬している。彼らには革新という確かな歴史があり、すばらしいデザインも創り出している」

顧客にアップルブランドの世界観を体感してもらうアップル・ストアの原点は、ソニーのショールームである。

ジョブズは、ソニーの成功に学び、とくにソニーの共同創業者、盛田昭夫との絆は強かった。１９９９年にサンフランシスコで行われた新しいｉＭａｃ発売のイベントの冒頭では、その直前に亡くなった盛田を追悼している。盛田なき後、時代の転換点の中で不振に陥ったソニーを反面教師にもした。

ちなみに、ジョブズのトレードマークでもある黒のタートルネックのセーターは、日本に出張したとき、ソニーの工場で働く人々が制服を着ていたことに影響を受けて、日本人デザイナー三宅一生に大量に発注したものだ（アイザックソン『スティーブ・ジョブズⅡ』）。

「気に入った黒のハイネックを作ってくれとイッセイに頼んだら、１００着とか作っ

てくれたんだ」（スティーブ・ジョブズ）

世界ブランドとなったアップルもナイキも、日本との関係なくして生まれなかった。日本には、間違いなく世界ブランドを生み出すポテンシャルがあるということだろう。

ブランドづくりにおいて、大切なことは足元にある。日本的な強みを生かすことができれば、日本の企業は、強い世界ブランドを生み出すことができるはずだ。

第6章

海外から見た日本の強みは何か

原産国効果とは

突然だが、次に示す4つの国と、4つの商品を1対1で結び付けてみてほしい。

フランス	ドイツ	イタリア	スイス
ビール	時計	ワイン	ファッション

実際に消費者1000人に結び付けてもらった。その結果をみると、65%がフランスと

図表6-1　国名からイメージする商品（%）

国名	ファッション	時計	ビール	ワイン
イタリア	**62.6**	4.9	1.2	31.3
スイス	6.3	**89.5**	1.9	2.3
ドイツ	1.2	2.7	**94.7**	1.4
フランス	29.9	2.9	2.2	**65.0**

（出所）東京都消費者1000人調査（2021年）

ワインを結び付けた。95%がドイツとビールを結び付けた。63%がイタリアとファッションを結び付けている。90%がスイスと時計を結び付けている（図表6－1）。

この結果から、以下が示唆される。

- **ワインのブランドをつくるなら、「メイド・イン・フランス」が有利になる**
- **ビールのブランドをつくるなら、「メイド・イン・ドイツ」が有利になる**
- **ファッションのブランドをつくるなら、「メイド・イン・イタリア」が有利になる**
- **時計のブランドをつくるのであれば、「メイド・イン・スイス」が有利になる**

これが、「原産国効果」だ。すなわち、買い手からみた原

図表6-2　原産国効果の視点

――買い手（進出国や生産国）から見た原産国のイメージ

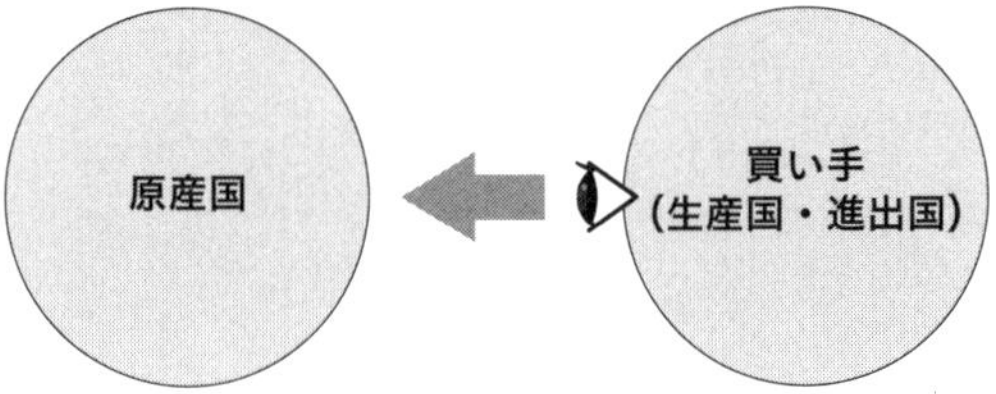

産国のイメージがブランドにもたらす効果である（図表6－2）。

原産国効果
＝原産国のイメージがブランドにもたらす効果

原産国が有するイメージに調和している商品は、消費者から共感されやすく、ブランド化しやすい。このようなケースでは、原産国を強調したブランド戦略が有効だ。

逆に、原産国のイメージに合わない商品は、ブランドづくりに苦戦することになる。このようなケースにおいては、原産国をあえて訴求しないこともある。

原産国効果は、それがポジティブに作用するケースにおいても、ネガティブに作用するケースにおいても、世界で強いブランドをつくるための重要なポイントになる。

海外から見た日本の「強み」とは？

輸出であれ、直接投資であれ、日本企業の海外展開においては、「原産国」は日本である。海外展開にあたっては「原産国」としての日本のイメージを把握しておくことが欠かせない。

そこで、世界の人々がイメージする「日本の強み」をみてみよう。

世界の人々を引きつけるブランドになるためには、強みを伸ばし、徹底的に磨くことが必要だ。弱みを改善しても、平均レベルになるだけで、尖ったブランドにはならない。海外の人々が認識する「日本の強み」を背景に海外展開をすれば、現地の人々の「共感」を得やすく、ブランドづくりにプラスになるはずだ。

逆に、日本人自身が「強み」だと思っていても、海外の人がそう思っていなければ、共感を得にくい。海外の人々が有する日本の強みと、日本人が認識する日本の強みの間に、ギャップがあるかどうかについても確認しておこう。

ここでは、海外（アメリカ、イギリス、オーストラリア、シンガポール）の人々に次の文の空欄に思い浮かぶ言葉を自由に入れてもらった。

> **日本の強みは、「　　　　　　」である。**

結果は、図表6−3の通りだ。

外国人が認識する日本の強みをみてみると、自由に記述してもらったにもかかわらず、驚くほど共通している。調査対象国の上位3項目は同じだ。それは、「文化（culture）」「人（people）」そして「食（food）」である。

一方、日本人が認識する日本の強みをみたものが図表6−4である。上位は「安全」「治安」「おもてなし」である。

外国人が認識する日本の強みと、日本人が認識する日本の強みには、ギャップがあることがわかる。

海外の人が考える日本の強み		日本人が考える日本の強み
culture　people　food	≠	**安全　治安　おもてなし**

図表6-3　海外の人々が認識する「日本の強み」

アメリカ人

順位	キーワード	出現頻度
1	**culture**	**132**
2	**people**	**116**
3	**food**	**70**
4	technology	45
5	beauty	30

イギリス人

順位	キーワード	出現頻度
1	**culture**	**144**
2	**people**	**33**
3	**food**	**30**
4	unique	24
4	technology	24

スペイン人

順位	キーワード	出現頻度
1	**culture**	**120**
2	**food**	**40**
3	**people**	**30**
4	unique	15
5	technology	13

シンガポール人

順位	キーワード	出現頻度
1	**culture**	**95**
2	**food**	**63**
3	**people**	**44**
4	clean	41
5	good	28

（出所）『地域引力を生み出す 観光ブランドの教科書』より作成

図表6-4　日本の人々が認識する「日本の強み」

順位	キーワード	出現頻度
1	安全	134
2	治安	109
3	**おもてなし**	**84**
4	心	41
5	親切	38

（出所）図表6–3と同じ

海外展開においては、海外の人々が認識する日本の強みを生かしていくことが有効になる。では、海外から見た日本の強みである「人」「文化」「食」の3つの分野のうち、海外マーケットでもっともブランド化しやすいのはどれだろうか。

おそらく、「食」の分野だろう。おいしさには国境がないからだ。

文化や人の輸出は難しいし、現地生産はできない。文化や人のブランドづくりでは、海外マーケットに出ていくというよりも、日本に来てもらったほうが良いかもしれない。

「おいしい国」日本

日本人の食に対するこだわり、うま味に代表される繊細な味覚、海・山・里から得られる四季折々の豊かな食材、食の調理・加工技術も高い。

日本には、世界で勝負できる質の高い農産物、食品が豊富にある。生鮮食品・加工食品ともに、日本の企業は、高度な生産技術を有している。訪日観光によって、日本の食文化や本物の食を体験している海外の人も増えている。

日本の食が、海外から強みとして認識されているということは、日本は「おいしい国」でブランド化できるということだ。

日本の食に関する技術、ノウハウ、商品を積極的に海外に展開することによって、世界の食を豊かにすることに貢献ができるはずだ。

海外が認識する「日本の食」のイメージ

海外の人々は、「日本の食」について、具体的にどのようなイメージを持っているのだろうか。

海外の消費者に、次の文の空欄に思い浮かぶ単語を自由に記入してもらった。

日本の食べ物のイメージは、「　　　　　　」である。

結果は、図表6－5に示した通りである。アメリカ、シンガポール、スペインでは、「良い」が最も多い。イギリスは「健康的」がトップに来ている。

いずれの国においても、出現頻度が上位の単語を見ると、すべてが肯定的な言葉だ。悪いイメージは一切ない。

海外からの日本の食のイメージを一言でいうと、「おいしくて、健康的で、独自性が高

図表6-5　海外が認識する「日本の食」のイメージ

アメリカ

順位	キーワード	出現頻度
1	good	70
2	delicious	38
3	great	24
4	like	20
5	healthy	17
6	ok	15
6	unique	15
8	tasty	14
8	sushi	14
10	love	13

（注）出現頻度10以上の単語を表示
（出所）アメリカ500人調査（2020年）

イギリス

順位	キーワード	出現頻度
1	healthy	40
2	fish	36
3	sushi	35
4	raw	32
5	tasty	31
6	good	29
7	like	17
8	great	15
9	noodles	14
10	different	10

（注）出現頻度10以上の単語を表示
（出所）イギリス500人調査（2020年）

シンガポール

順位	キーワード	出現頻度
1	good	83
2	healthy	61
3	quality	44
3	delicious	44
5	sushi	33
6	great	27
7	tasty	25
8	expensive	20
9	nice	19
10	high	18

（注）上位10の単語を表示
（出所）シンガポール500人調査（2020年）

スペイン

順位	キーワード	出現頻度
1	buena（good）	105
2	excelente（excellent）	13
3	sushi	11
4	cultura（culture）	10

（注）出現頻度10以上の単語を表示。カッコ内は英訳
（出所）スペイン500人調査（2021年）

い」ということだろう。

日本人に聞いてみると、日本の食の強みとして、「安全」「安心」をあげる人が多いが、海外ではそのような言葉は上がってこない。「安全」「安心」は、ブランドづくりの土台だ。尖りにはならない。

日本の食に惹かれる海外の消費者の特徴

海外では日本の食への関心が高まっているとはいえ、日本の食に魅力を感じ、食べたいと思っている人もいれば、そうでない人もいる。

図表6―6は、アメリカ、イギリス、スペイン、シンガポールの消費者を対象として、「日本の食に魅力を感じるか」を聞いたものである。

「その通り」と回答する割合が最も高い国はシンガポールで48・4％、逆に最も低い国はイギリスで22・4％である。

「日本の食を食べてみたい」との質問については、「その通り」と回答する割合が最も高い国はシンガポールで53・0％、逆に最も低い国はイギリスで28・0％である（図表6―7）。

図表6-6　日本の食に魅力を感じるか（%）

	その通り	やや その通り	どちらとも いえない	やや違う	違う
シンガポール	48.4	37.8	11.0	2.2	0.6
アメリカ	37.2	27.6	13.2	10.0	12.0
スペイン	23.4	32.0	16.2	14.0	14.4
イギリス	22.4	25.6	25.6	14.2	12.2

（出所）アメリカ、イギリス、スペイン、シンガポール各国500人調査（2020、21年）

図表6-7　日本の食を食べてみたいか（%）

	その通り	やや その通り	どちらとも いえない	やや違う	違う
シンガポール	53.0	33.6	10.0	2.6	0.8
アメリカ	38.4	30.8	13.0	8.2	9.6
スペイン	35.6	30.4	14.4	10.4	9.2
イギリス	28.0	30.8	16.2	12.8	12.2

（出所）アメリカ、イギリス、スペイン、シンガポール各国500人調査（2020、21年）

日本の食への評価を測定する4つの質問

では、海外では、どのような食のスタイルをもつ人々が、日本の食に関心を示すのだろうか。ここでは、日本の食に関心を持つ外国人の特性を分析してみよう。

まず、日本の食に関して4つの質問を行い、この4つの変数から「日本の食への関心度」の尺度（モノサシ）をつくることとした。

【日本の食への関心度を測定する4つの質問】

① **日本食が好き**
（そう思う5・ややそう思う4・どちらともいえない3・あまりそう思わない2・そう思わない1）

② **日本の食に魅力を感じる**
（そう思う5・ややそう思う4・どちらともいえない3・あまりそう思わない2・そう思わない1）

③ **日本の食のイメージが良い**

（そう思う5・ややそう思う4・どちらともいえない3・あまりそう思わない2・そう思わない1）

④　日本の食を食べてみたい

（そう思う5・ややそう思う4・どちらともいえない3・あまりそう思わない2・そう思わない1）

この4つの質問の回答を因子分析（複数の変数の背後にある要因を抽出する統計手法）で分析したところ、1つの因子が抽出された。つまり、4変数の背後には1つの共通因子が存在するということである。ここでは、この因子を日本の食への関心度を示す尺度（モノサシ）と捉えることにしよう（図表6－8）。

図表6-8　「日本の食への関心度」のモノサシ

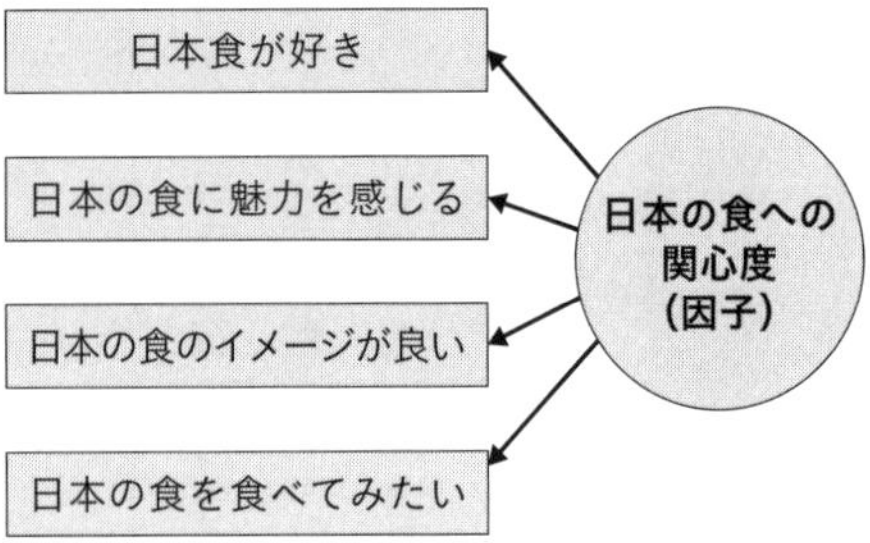

食のスタイルと日本の食への関心度の関係

日本の食の評価に影響を与えている要因（因子）が抽出できれば、どのようなタイプの消費者をターゲットとしたらよいのか分かるはずだ。

ここでは、原因と結果を探るための統計手法である回帰分析（ステップワイズ法）を用いて、どのような要因が、日本の食への関心度に統計的な影響を与えているかを探索しよう。原因変数（説明変数）は、因子分析という統計手法によって抽出された消費者の食のスタイルに関する諸因子である。結果変数（被説明変数）は、日本の食への関心度である（図表6－9）。

図表6-9　どのような食スタイルの人が、日本の食への関心が高いのか？

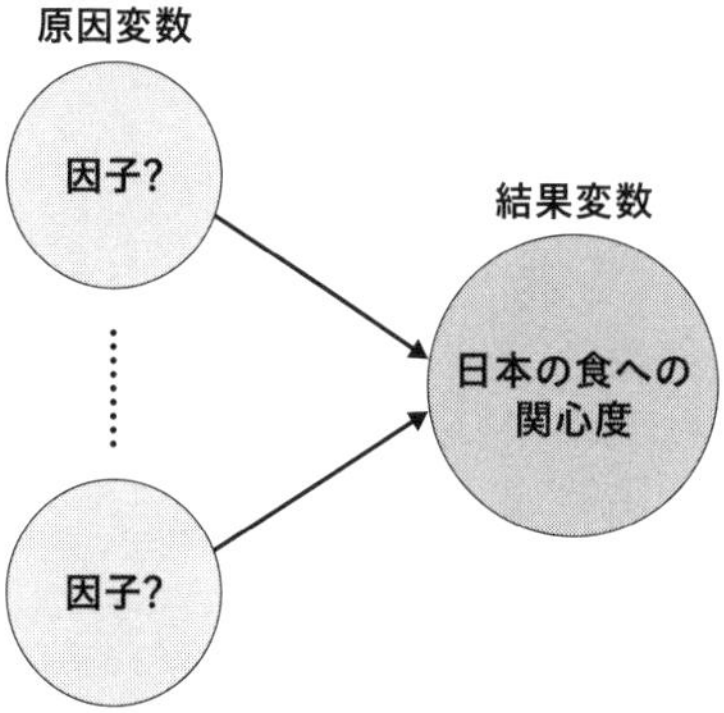

分析結果は、図表6－10に示した通りだ。いずれの国も、「品質重視・グルメ」因子が、最も日本の食への関心度に影響を与えている。

つまり、「食の品質を重視し、グルメな人ほど、日本の食に惹かれている」ということである。

アメリカ、イギリス、シンガポールにおいては、「健康重視」も日本の食への関心度に影響を与えている。唯一イギリス調査では、「低価格・利便性重視」も日本の食への関心度に影響

図表6-10 「日本の食への関心度」に影響を与えている食のスタイル

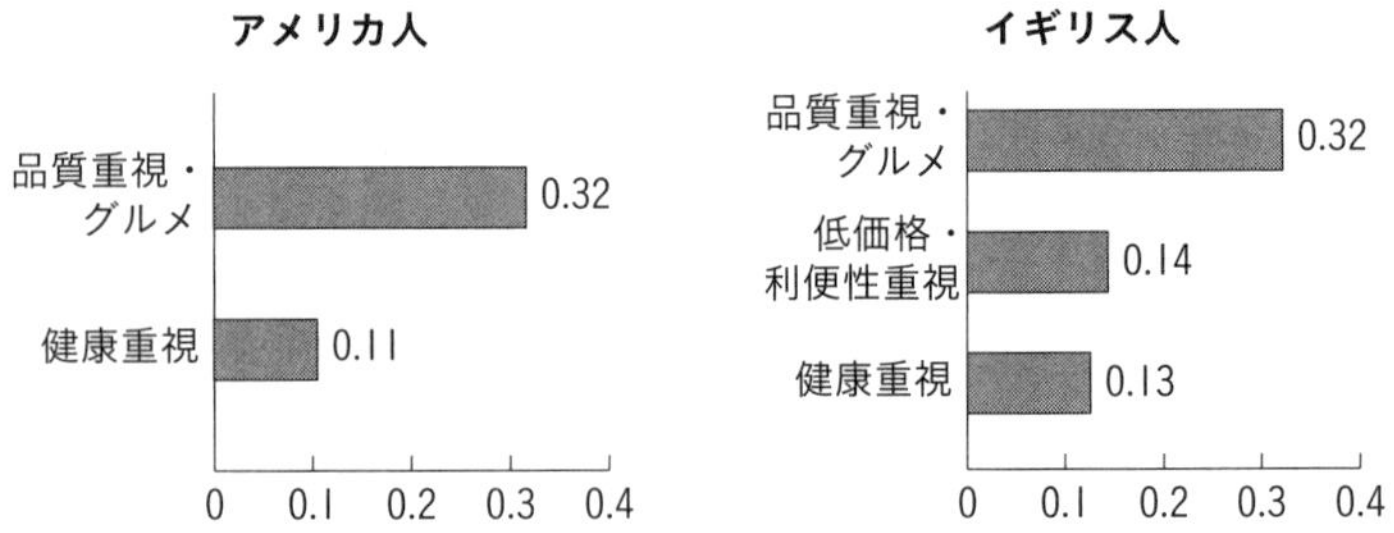

（注）数字は、標準化回帰係数であり、「日本の食への関心度」（因子）への影響度を示す

（出所）アメリカ500人調査（2020年）　（出所）イギリス500人調査（2020年）

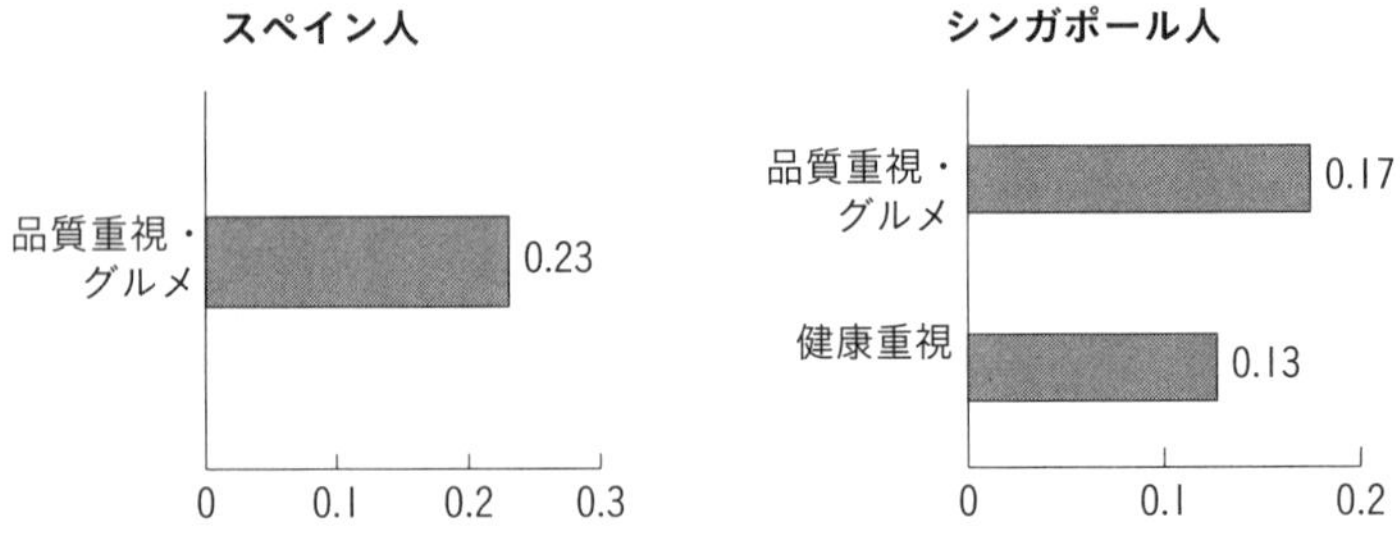

（出所）スペイン500人調査（2021年）　（出所）シンガポール500人調査（2020年）

図表6-11　日本の食への関心をもつ人の特性（まとめ）

食スタイル	アメリカ	イギリス	スペイン	シンガポール
品質重視・グルメ	◎	◎	◎	◎
健康重視	○	△		○
低価格・利便性重視		○		

（注）◎○△は、それぞれ影響度第1位、2位、3位を示す。空欄は影響度なしを示す
（出所）アメリカ、イギリス、スペイン、シンガポール各国500人調査（2020、21年）

を与えていた。

いずれの国の分析結果においても、日本の食への関心度に最も大きな影響を与えているのは、「品質重視・グルメ」因子である。この因子を構成する変数（調査での質問項目）は、次の通りである。このようなタイプの人ほど、日本食への関心度が高いということだ。

日本の食への関心が高い「品質・グルメ志向」の消費者は、このようなタイプ

- 食に関する情報を知人や友人に教えてあげることが多い
- 高い食品でも、品質が良ければ買いたいと思う
- 普通の人に比べ、食についてよく知っている
- 価格よりも、品質を重視する

ここまでの分析結果を、図表6－11にまとめておこう。こ

スペインのWebサイトのトップページで日本のイメージを訴求

の表からは、海外において日本の食ブランドが力を発揮できるのは、グルメな消費者をターゲットとした高品質分野であることが明らかだろう。

日本のイメージを訴求する

「日本のイメージは良いので、日本生まれを訴求するとよい」（フランスの種苗会社社長）

アメーラトマトのヨーロッパ展開においては、アメーラトマトの原産国が日本であることを訴求したブランドづくりを行っている。ヨーロッパ向けＷｅｂサイトのトップページのひとつは富士山の写真である。ロゴやパッケージには赤と白の色を使い、日の丸をイメージしたデザインを採用している。

図表6-12　「コテコテの日本」ではなく、「さりげなく日本」を訴求

コテコテの日本　　さりげなく日本

「さりげなく日本」をめざす

日本の食の原産国イメージは良好だとはいえ、日本を過度に押し付けることは、逆効果になりかねない。

パッケージなどに「いかにも和風」「こてこての和」を強調しすぎてしまうと、目立ったとしても、現地の生活にはなじまない。生活になじまなければ、長続きしない。

ブランドづくりで大切なことは、「一度買ってもらう」ことではない。「買い続けてもらう」ことだ。

インパクトが強くても、現地の生活に根付くのは難しい。日本の文化・伝統を押し付けず、さりげなく日本的であることが、進出国で愛されるブランドになるためには大切だろう（図表6－12）。

第7章

生産国のイメージが世界ブランドに与える影響

生産国効果とは何か

海外生産を行う場合、生産国のイメージがブランド力に影響を及ぼすことがある。どこの国で生産するかによって、買い手が知覚するブランドイメージが変化する可能性があるということだ。

本章では、生産国のイメージが、具体的にどのような影響をブランドにもたらすのか、すなわち「生産国効果」について検討しよう（図表7−1）。

生産国効果　＝　生産国のイメージがブランドにもたらす効果

図表7-1　生産国効果の視点
買い手からみた生産国のイメージ

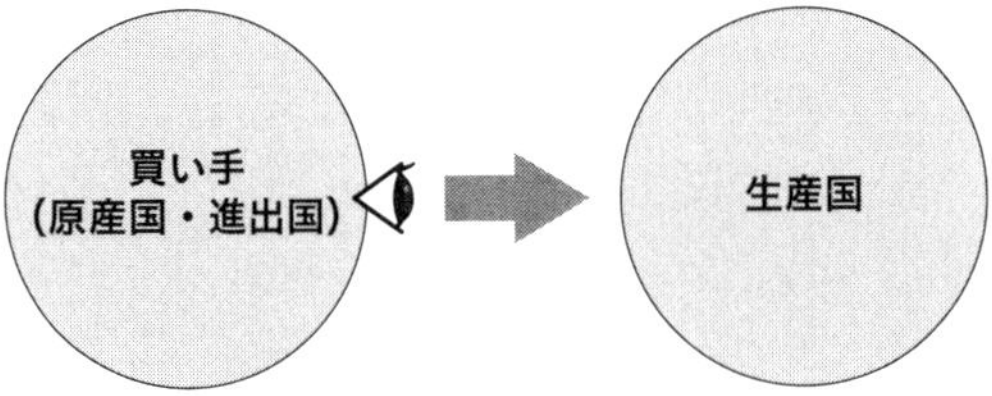

たとえば、ヨーロッパでブランドづくりを行うアメーラの場合、生産国はスペインである。スペインのイメージが買い手にどのような影響を与えるのかを把握することが、国境を越えたブランドづくりでは大切になる。

トマトの生産量が多い国は？

トマトを事例に検討してみよう。

トマトはグローバルな作物で、北はアイスランドから、南はフォークランド諸島まで世界中で生産されている。ここで質問。

世界で、トマトの生産量がもっとも多い国は、次の①〜⑤のどこだろうか。

① アメリカ　② イタリア　③ オランダ
④ スペイン　⑤ 中国

図表7-2　世界のトマトの生産量ランキング

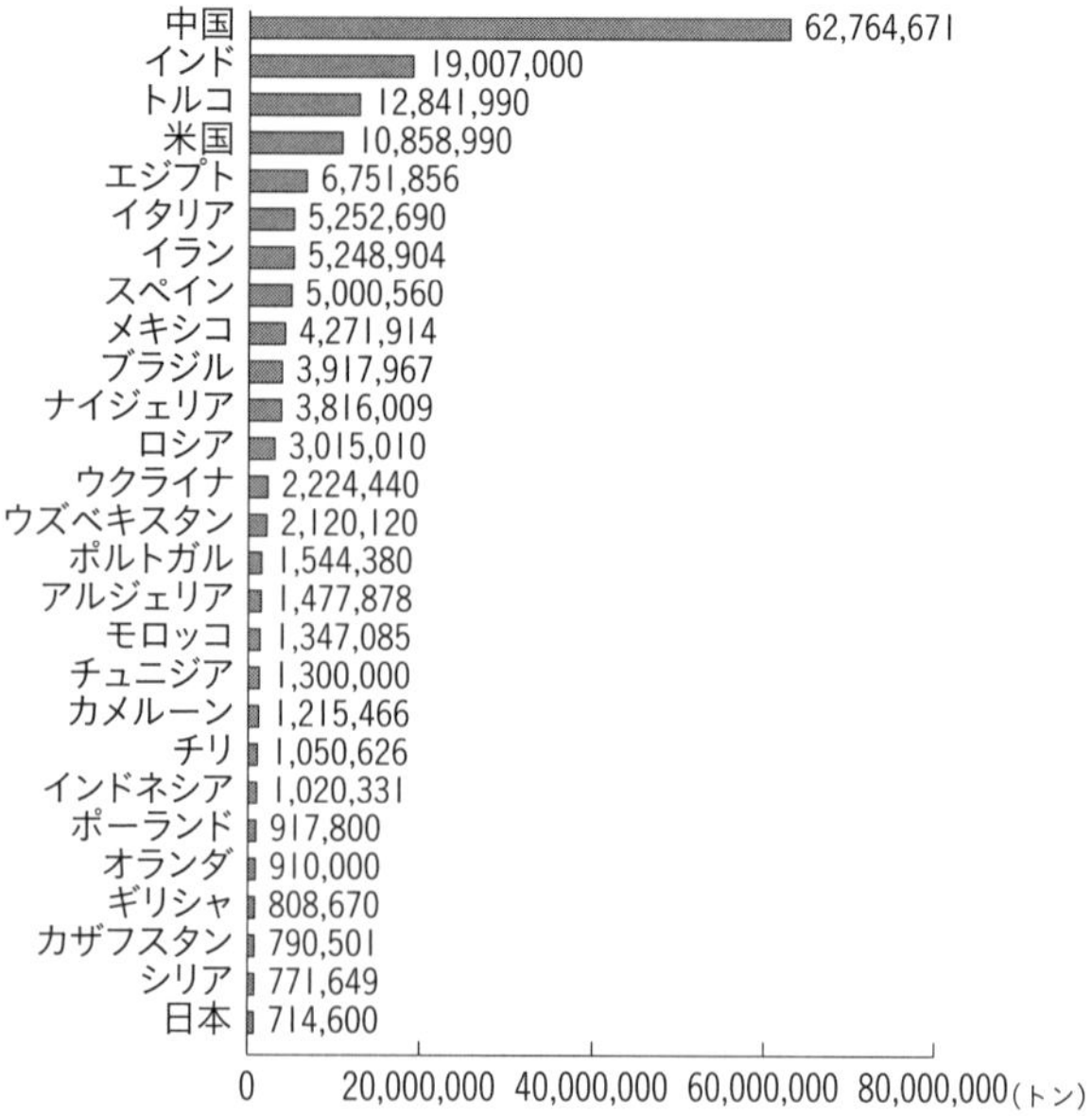

（注）生産量は2019年
（出所）国連食糧農業機関（FAO）

生産量のランキングをみると、圧倒的なトップは、中国だ。以下、インド、トルコと続く（図表7－2）。

世界で生産されるトマトの大部分は、ケチャップ、ピューレ、缶詰などに加工されているが、世界の加工トマト産業をリードしている国は、アメリカ、スペイン、イタリア、およびトルコだ。

一方、温室で集約的に生産される生食用のトマトに関しては、オランダが世界のリーダーである。オランダは、ＩＣＴ、ＡＩ（人工知能）、ロボット技術などを活用した、いわゆるスマート農業の先進国でもある。

日本のトマト生産量は年間71万トン、第1位の中国の生産量のわずか88分の1。イタリア、スペインの生産量と比べると7分の1である。日本のトマトの世界シェアは、わずか0・4％だ。

生産量＝ブランド力ではない

「生産量が多いから、ブランドになる」
「生産量の多さを売りにブランド化をしよう」

こういった意見を聞くことが多いが、本当に生産量はブランド力に結び付くのだろうか。

中国のトマトの生産量は圧倒的に世界ナンバーワンだ。では、「中国の農産物」と聞いて、トマトを思い浮かべる人はどれだけいるだろうか。

実際に、全国の消費者に聞いてみた。

「中国」と聞いて思い浮かぶ農産物は「　　　　　　　　」である。


結果は図表7－3の通りだ。

「米」が最も多く、次いで「小麦」「チンゲン菜」となっている。世界生産量ナンバーワンの「トマト」をあげた人は、限りなくゼロに近い。1000人中わずか2人（0・2％）だ。

では、あなたは、次の文の空欄にどのような農産物をいれるだろうか。


「スペイン」と聞いて思い浮かぶ農産物は「　　　　　　　　」である。


消費者調査の結果は、図表7－4に示す通りだ。

「オリーブ」と「トマト」が突出している。スペインのトマトの生産量は、中国の13分の1程度であるが、消費者は「スペイン」と聞くと「トマト」を思い浮かべる人が多い。

この結果から示唆されることは、食のブランドは、生産量の多さから生まれるのではなく、生産国の料理のイメージから生まれるということだ。

図表7-3 「中国」と聞いて思い浮かぶ農産物は「　　　　」である。

順位	キーワード	出現頻度
1	米	70
2	小麦	59
3	チンゲン菜	56
4	にんにく	54
5	タケノコ	39

（出所）全国消費者1000人調査（2021年）

図表7-4 「スペイン」と聞いて思い浮かぶ農産物は「　　　　」である。

順位	キーワード	出現頻度
1	オリーブ	144
2	トマト	139
3	ぶどう	59
4	パプリカ	43
5	オレンジ	31

（出所）全国消費者1000人調査（2021年）

スペイン料理には、トマトもオリーブも欠かせない食材だ。一方、中国料理と聞いたときに、トマトという食材が思い浮かぶ人は、ほとんどいないだろう。

生産国効果の実験

生産国効果の実験を紹介しよう。

図表7-5　生産国効果の実験

**同じトマトの写真を見てもらい、半数には「中国産」、
半数には「スペイン産」と表示**

中国産のトマト

スペイン産のトマト

実験方法は、次の通りシンプルだ。まず、回答者1000人を無作為に2つのグループ（各500人）に分割する。いずれのグループにも、まったく同じトマトの写真を提示する。

グループ間で違うのは、そのトマトの生産国の表示のみだ。一方のトマトには「中国産」と表示し、もう一方のトマトには「スペイン産」と表示した（図表7－5）。

消費者に聞いたのは、以下の2つの質問である。

> 質問①：あなたは、このトマトを食べてみたいですか
>
> 質問②：このトマトを買うとすると、1パック（写真の中玉サイズ3個）あたり、いくらまで支払ってもいいと思いますか

実験結果は、図表7－6と図表7－7に示した通りである。

生産国の違いによって、消費者が知覚する品質は明らかに異なる。「中国産のトマト」と表示されたグループについては、「食べてみたい」「やや食べてみたい」の合計は21％にとどまる。

一方、「スペイン産のトマト」と表示されたグループについては、「食べてみたい」「やや食べてみたい」の合計は74％に上る。同じトマトでも、生産国の違いによって、食べたい人の割合は4倍も異なるということだ。

トマト1パック当たりの支払許容額をみると、「中国産のトマト」と表示されたグループについては「150円」だが、「スペイン産のトマト」と表示されたグループは「298円」。2倍もの違いである。

そう、これが「生産国効果」なのである。

どこの国のトマトに魅力を感じるのか

アメーラの海外展開を検討するに当たって、日本の消費者は海外のどこの国で生産され

図表7-6　生産国効果の実験結果①「食べたい人の割合」

単位：％

あなたはこのトマトを食べてみたいですか	食べてみたい	やや食べてみたい	どちらともいえない	あまり食べたくない	食べたくない
中国産のトマト	8.2	13.2	20.0	22.8	35.8
スペイン産のトマト	31.0	43.0	15.4	5.4	5.2

（出所）東京都消費者1000人調査（2021年）

図表7-7　生産国効果の実験結果②「支払許容額」

このトマトを買うとすると、1パック当たりいくらまで支払っていいと思いますか	中央値
中国産のトマト	150円
スペイン産のトマト	298円

（出所）東京都消費者1000人調査（2021年）

たトマトに魅力を感じるのかを調査した。

結果は、図表７－８に示した通りである。

日本の消費者が魅力を感じるトマトの生産国は、「イタリア」と「スペイン」が突出している。魅力を感じる回答者の割合は、イタリア産のトマトが50％、スペイン産のトマトが33％に上る。

この結果から示唆されることは、「イタリア」や「スペイン」でのブランド力が高まると、日本でのブランドイメージも向上するということだ。

図表7-8　魅力を感じるのは、どの国のトマト？

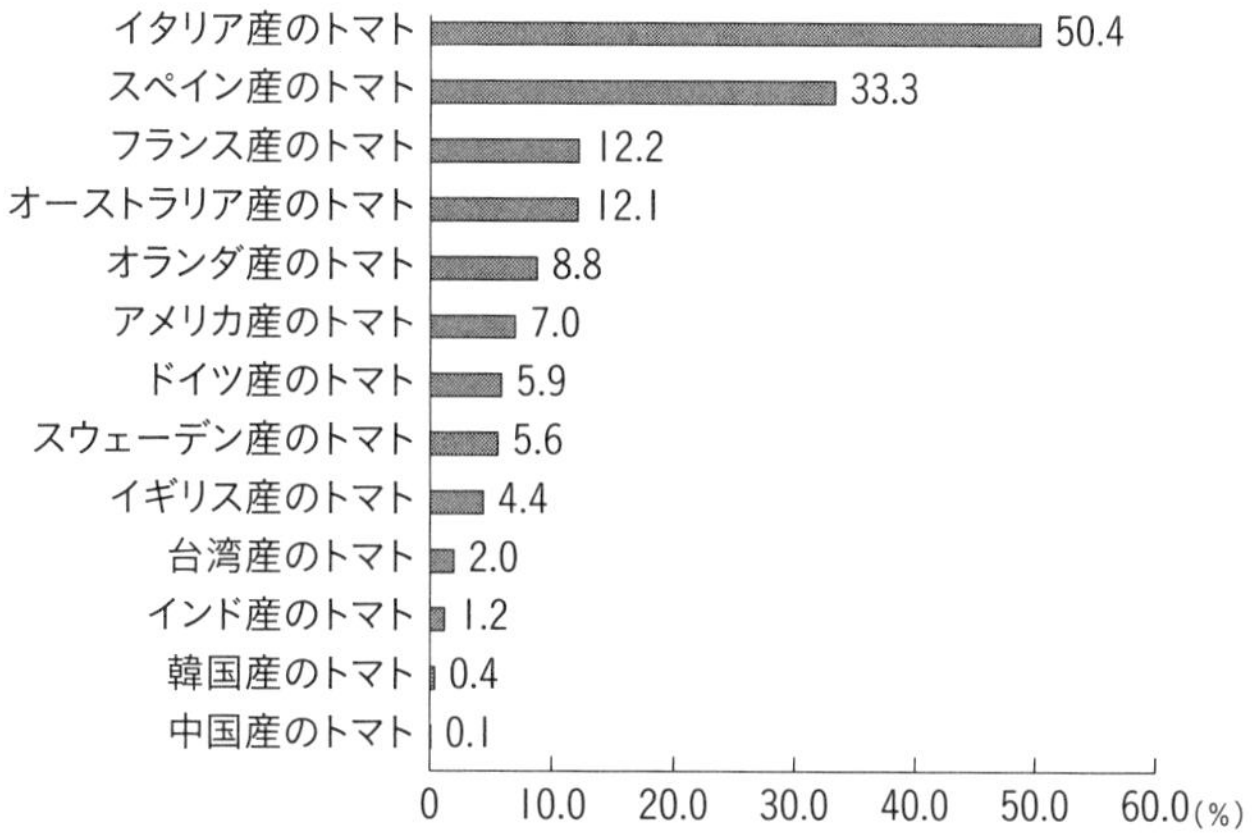

（出所）東京都消費者1000人調査（2017年）、複数回答

一方、魅力を感じるトマトの生産国として、世界一トマトの生産量が多い「中国」をあげる人は、わずか0・1%だ。中国で生産しているトマトとアピールしても、ブランドイメージは高まらないだろう。

加工トマトのリーダー国「アメリカ」をあげる人も、7・0%にすぎない。アメリカ産のトマトと聞いても、ブランドイメージは向上しない可能性が高い。

生食用トマトのリーダー国であり、スマート農業先進国の「オランダ」をあげる人も5・0%にとどまる。「オランダ」で生産したトマトと聞いても、消費者の心はそれほど動きそうにない。

国境を越えたブランドづくりの「相乗効果」

海外進出前には、日本の消費者にアメーラトマトの特徴などを説明して、「アメーラのイメージと調和すると思う国はどこか」についても調べている。

結果は、図表７−９の通りである。

アメーラのイメージと調和する国として、「イタリア」と「スペイン」をあげる人が多い。この結果からは、アメーラのスペインでの生産が、日本国内のブランド力の強化にも結び付くことが示唆される。

サンファーマーズがスペインでの直接投資を決断する後押しをしてくれたのが、これらの調査結果だ。調査の翌年、スペインとの合弁企業サンファーム・イベリカを設立し、ヨーロッパでのブランドづくりを始めることになる。

「ヨーロッパでアメーラが広がれば、日本のブランド力もさらに伸びることが期待で

図表7-9　アメーラのイメージと調和すると思う国

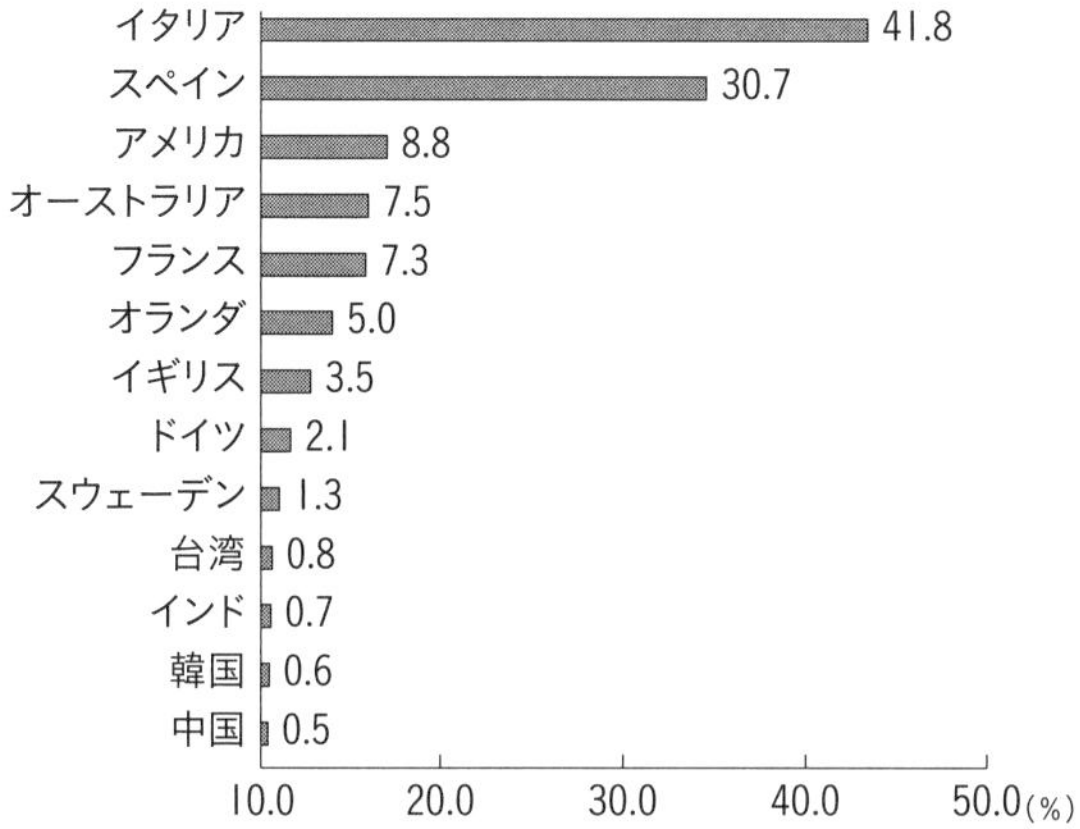

（出所）東京都消費者1000人調査（2017年）、複数回答

図表7-10　国境を越えたブランドづくりの相乗効果

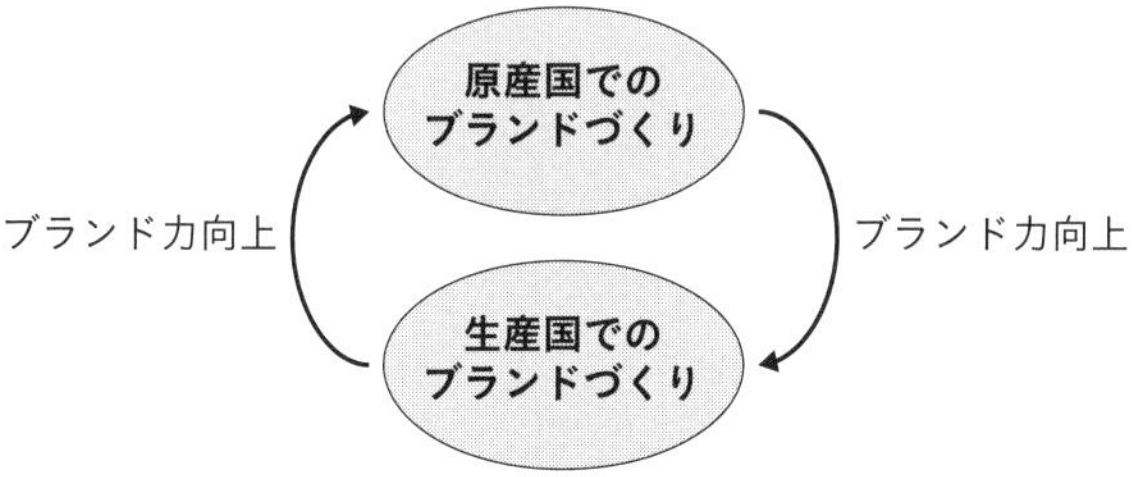

きる」

（稲吉洸太 サンファーム・イベリカ社長）

生産国イメージが良好であれば、国境を越えたブランドづくりの「相乗効果」が期待できる（図表7－10）。

とくに経営資源が限られる中小企業の海外進出では、海外でのブランドづくりと国内でのブランドづくりの相乗効果を考えて、ブランド戦略を構築することが重要になるだろう。

生産国の食のイメージを把握しよう

消費者が関心を持つのは食材ではなく、料理である。食のブランドづくりにおいては、生産国の「料理のイメージ」を把握することが有効だろう。料理のイメージがよければ、その料理に使われる食材のブランドイメージも良くなるはずだ。

ここでは、アメーラの生産国であるスペイン料理のイメージについて、アメリカ料理、イギリス料理、イタリア料理、オーストラリア料理、フランス料理を比較対象として分析してみよう。

図表7-11　海外の料理のポジショニング

6ヵ国の料理は、2つのグループに分かれている

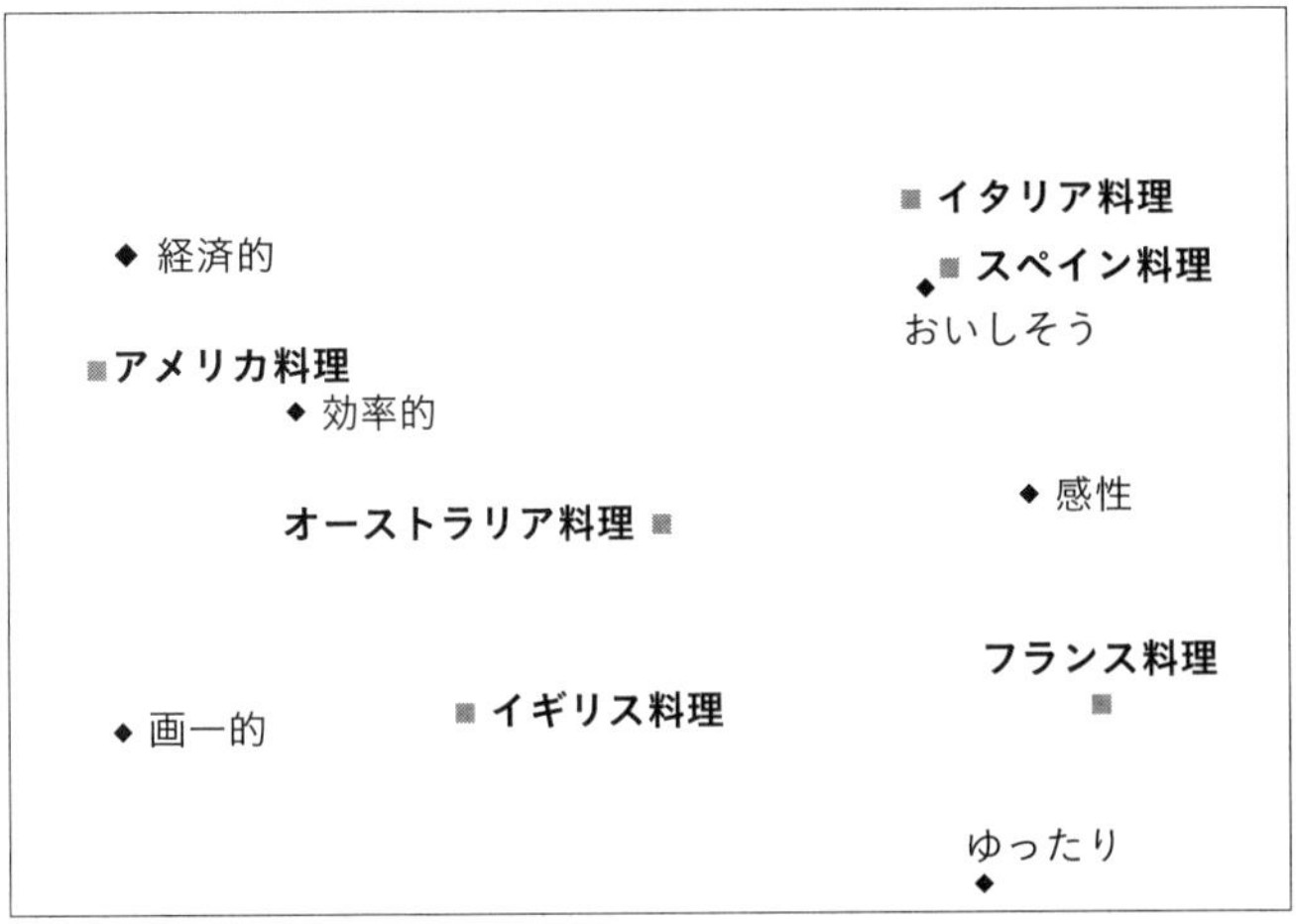

（出所）全国消費者1000人調査（2020年）

消費者の頭の中にある各国料理のイメージを、コレスポンデンス分析という手法でマップ化したものが、図表７−11である。

この図をみて興味深い点は、アメリカ、イギリス、イタリア、オーストラリア、スペイン、フランスの各国料理が、２つのグループに分かれていることだ。

第一のグループは、アメリカ、イギリス、オーストラリアの「アングロサクソン系諸国」の料理である。このマップをみると、アングロサクソン系諸国の料理は、「経済的」「効率的」「画一的」といったイメージ

図表7-12　好きな外国料理の因子分析結果

	因子	
	アングロサクソン系諸国料理好き	ラテン系諸国料理好き
オーストラリア料理に魅力を感じる	0.87	
アメリカ料理に魅力を感じる	0.77	
イギリス料理に魅力を感じる	0.74	
スペイン料理に魅力を感じる		0.82
イタリア料理に魅力を感じる		0.78
フランス料理に魅力を感じる		0.74

（注）数字は因子負荷量（0.4以上を表示）、累積寄与率70.2％
（出所）全国消費者1000人調査（2020年）

図表7-13　低価格志向と好きな料理との関係

低価格志向の消費者ほど、アングロサクソン系諸国料理に魅力を感じる

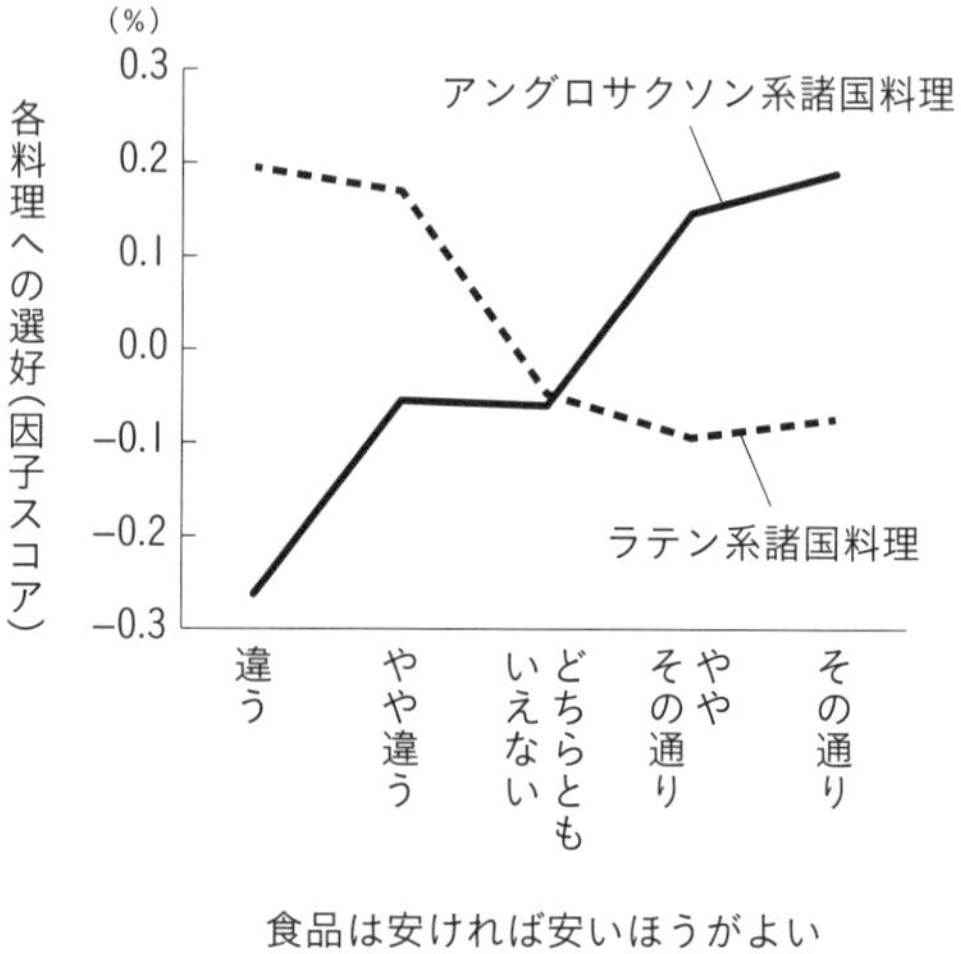

でとらえられていることが分かる。

第二のグループは、イタリア、スペイン、フランスの「ラテン系諸国」の料理である。ラテン系諸国の料理は、「おいしそう」「感性」「ゆったり」といったイメージでとらえられている。

食に関するスタイルと好きな海外料理との関係

ここでは、「消費者の食に関するスタイル」と「好きな外国料理」との関係を分析するため、各国料理に関して、「魅力を感じる」5〜「魅力を感じない」1の5ポイント尺度で評価を求め、因子分析を行った。

その結果、2つの因子が抽出された（図表7－12）。

ひとつは、オーストラリア料理、アメリカ料理、イギリス料理好きに共通する因子である。この因子を「アングロサクソン系料理好き（因子）」と名づけた。

もうひとつは、スペイン料理、イタリア料理、フランス料理好きに共通する因子である。この因子を「ラテン系料理好き（因子）」と名づけた。

図表7-14　簡便性志向と好きな料理との関係

簡便性志向の消費者ほど、アングロサクソン系諸国料理に魅力を感じる

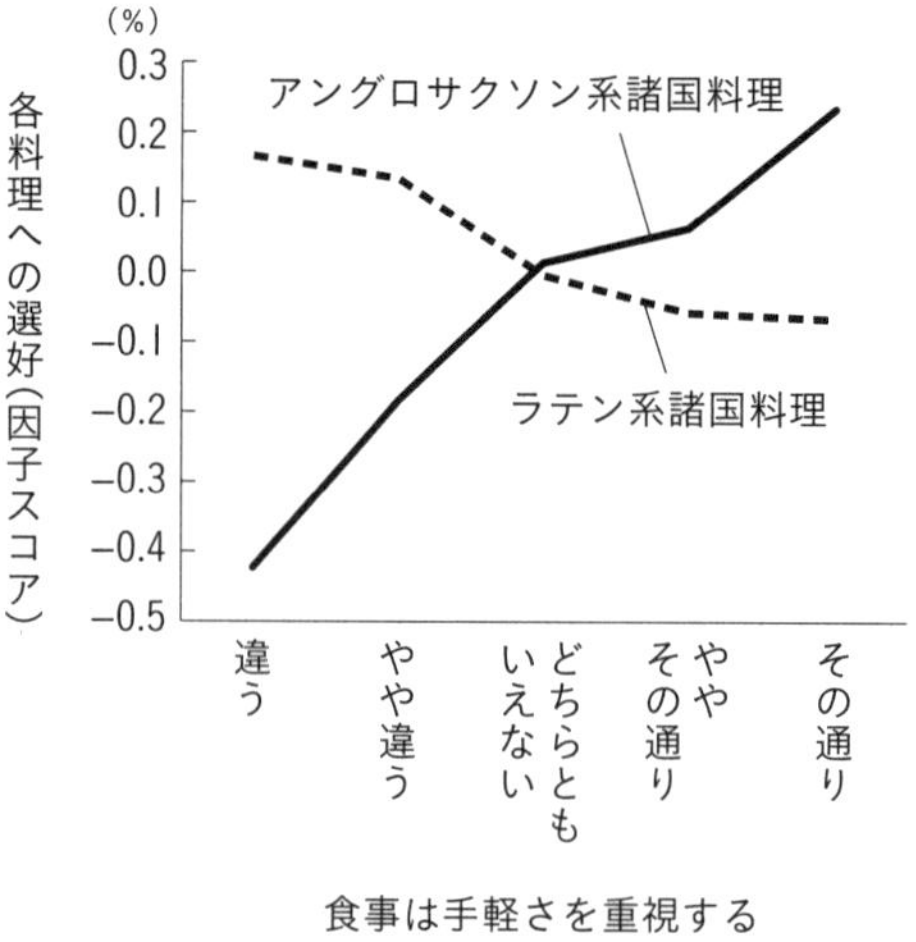

以下では、消費者の食のスタイルと、2つの因子得点（アングロサクソン系料理好き、ラテン系料理好き）との関係を分析してみよう。

①「低価格志向」と好きな料理の関係

まず、「食の低価格志向」と「魅力を感じる料理」の関係をみたものが、図表7－13だ。

このグラフをみると、低価格志向の消費者ほど、アメリカの料理などアングロサクソン系諸国の料理に魅力を感じていることが明らかだ。

ラテン系諸国料理については、逆の関係がみられる。低価格志向の消費者

図表7-15　品質志向と好きな料理との関係

品質志向の消費者ほど、ラテン系諸国料理に魅力を感じる

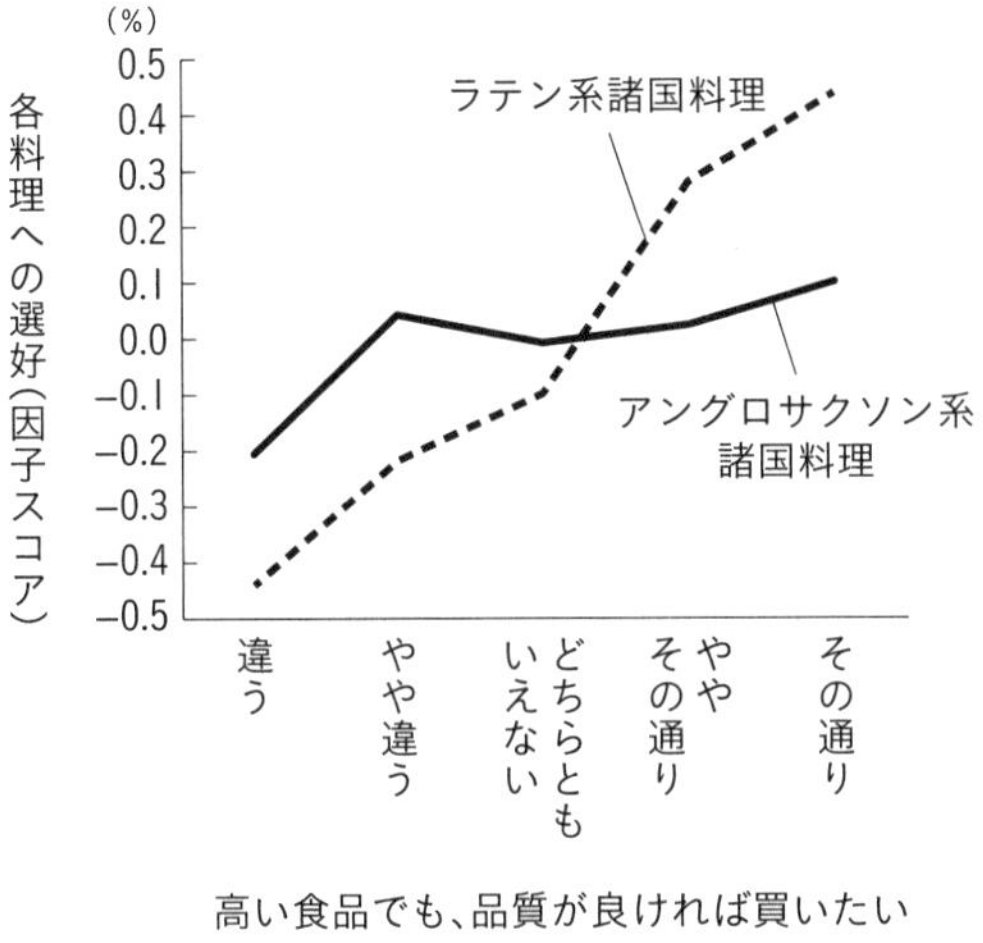

は、スペイン料理などラテン系諸国の料理には魅力を感じない傾向があるということだ。

②「簡便性志向」と好きな料理の関係

次に、食に関する「簡便性志向」と好きな料理の関係をみたものが、図表7－14である。

簡便性志向の消費者ほど、アングロサクソン系諸国の料理に魅力を感じていることが明らかだ。スペイン料理などラテン系諸国料理については、逆の関係がみられる。簡便性志向の消費者は、ラテン系諸国の料理には魅力を感じない傾向がある。

図表7-16　健康志向と好きな料理との関係

健康志向の消費者ほど、ラテン系諸国料理に魅力を感じる

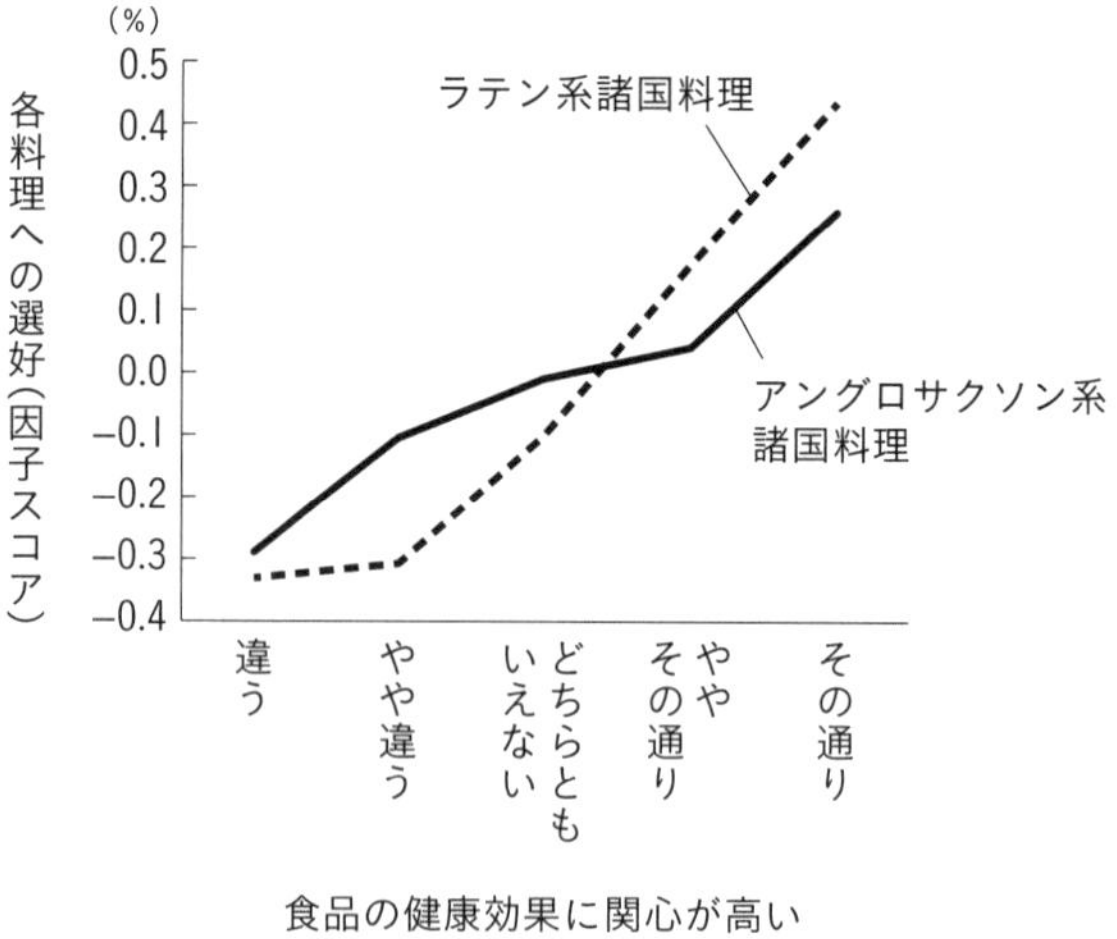

③「品質志向」と好きな料理の関係

食に関する「品質志向」と好きな料理の関係をみたものが、図表７－15だ。

ラテン系諸国料理の折れ線の傾きをみてみよう。図表７－13、14とは逆である。

品質志向の消費者ほど、ラテン系諸国の料理に魅力を感じているということだ。アングロサクソン系諸国料理については、そのような統計的な関係はみられない。

図表7-17 「食に関する志向」と「魅力を感じる外国の料理」

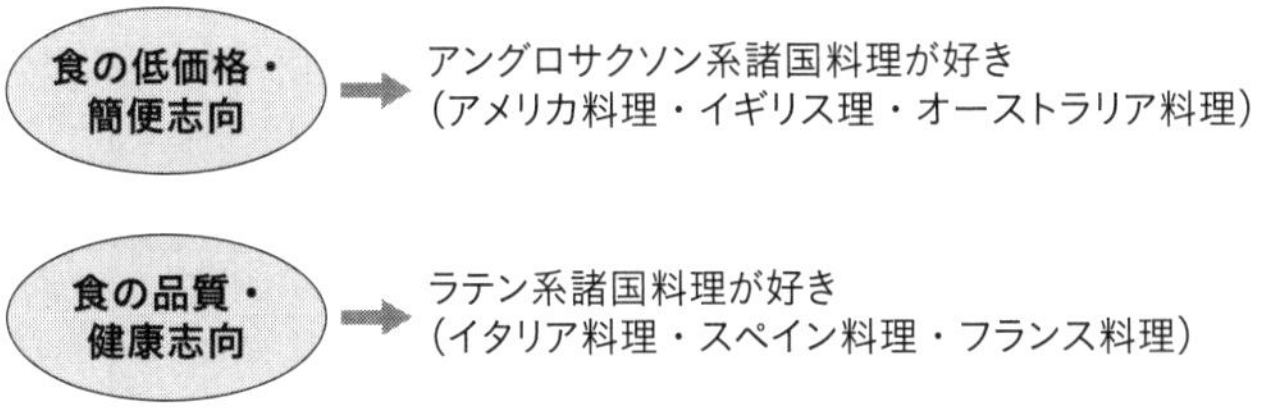

④「健康志向」と好きな料理の関係

食に関する「健康志向」と好きな料理の関係をみたものが、図表７－16である。

健康志向の消費者ほど、ラテン系諸国の料理に魅力を感じていることが明らかだ。アングロサクソン系諸国料理については、そのような関係は弱い。

ラテン系諸国からファストフードの世界ブランドが生まれない理由

上記の分析結果をまとめたのが、図表７－17である。食に低価格と利便性を求める消費者ほど、アメリカ、イギリス、オーストラリアなど「アングロサクソン系諸国料理」に魅力を感じる傾向にある。

一方、食に品質を求め、健康志向が高い消費者ほど、フランス、イタリア、スペインなど、「ラテン系諸国料理」に魅力を感じる傾向にある。

ここで、アメリカ料理（アングロサクソン系諸国料理）に魅力を感じると回答した人々と、イタリア料理（ラテン系諸国料理）に魅力を感じると回答した人々の声をピックアップしてみよう。

両者の声は極めて対照的だ。

アメリカ料理に魅力を感じる人の声

「ハンバーガーなど短時間で手軽な価格で食べることができる料理が多い」
「ジャンキーな感じが好き」
「アメリカのファストフードはボリュームがあるから」
「時々食べたくなる味、日本食にないジャンク感が良い」

イタリア料理に魅力を感じる人の声

「おしゃれ」
「トマトベースの料理が多く、魚介がたくさん含まれている料理もあるから」
「見栄えがよく、味のバリエーションが豊富である」

「カラフル、トマトとオリーブとモッツァレラチーズが好き」

ここまでの分析結果から、ファストフードの世界ブランドに、なぜアメリカ発の企業が多いのかがわかるはずだ。一方、フランス、イタリア、スペインから、なぜグローバルなファストフード・ブランドが生まれないのかもわかるだろう。

アングロサクソン系諸国は、「食は産業」だと考える傾向がある。既出の図表7－11をみても、アメリカ、イギリス、オーストラリアの料理のイメージは、「経済的」「効率的」といったイメージでとらえられている。

一方、ラテン系諸国では、「食は文化」だと考える傾向がある。価格の安さや利便性よりも、品質や健康を重視する。既出の図表7－11をみても、イタリア、スペイン、フランスの料理のイメージは、「感性」「ゆったり」といったイメージでとらえられている。

食は産業……アングロサクソン系諸国（アメリカ、イギリス、オーストラリア）
食は文化……ラテン系諸国（フランス、スペイン、イタリア）

ちなみに、図表7－18は、アメリカ、イギリス、オーストラリア、スペイン、フラン

図表7-18　肥満人口の比率

男性肥満人口比率

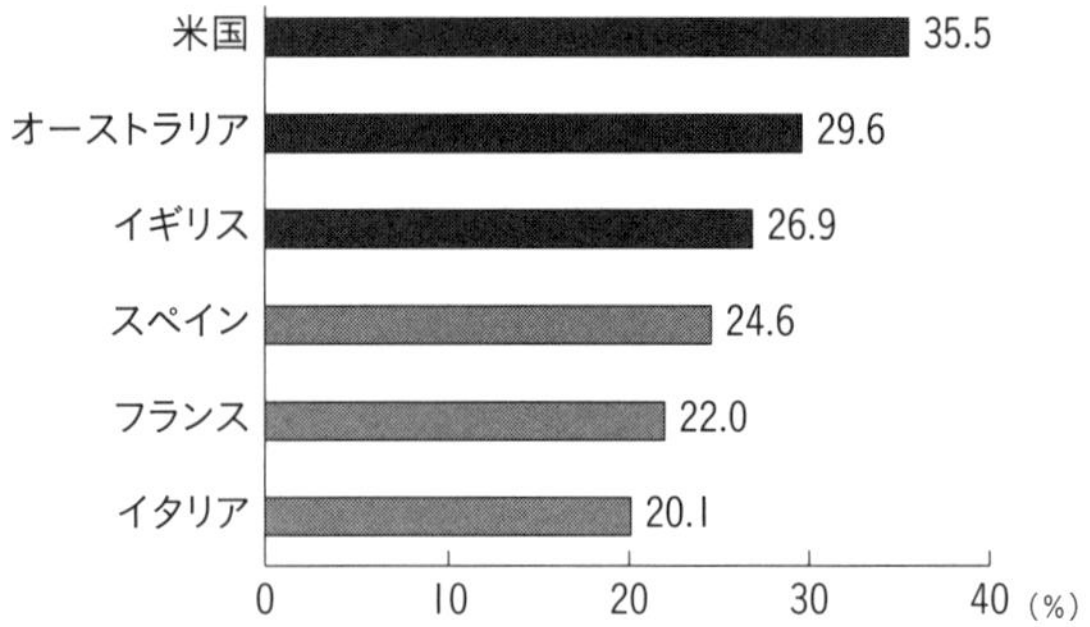

（注）18歳以上人口における肥満度指数（BMI）30以上の人口比率（％）
（出所）WHO（2016年）

女性肥満人口比率

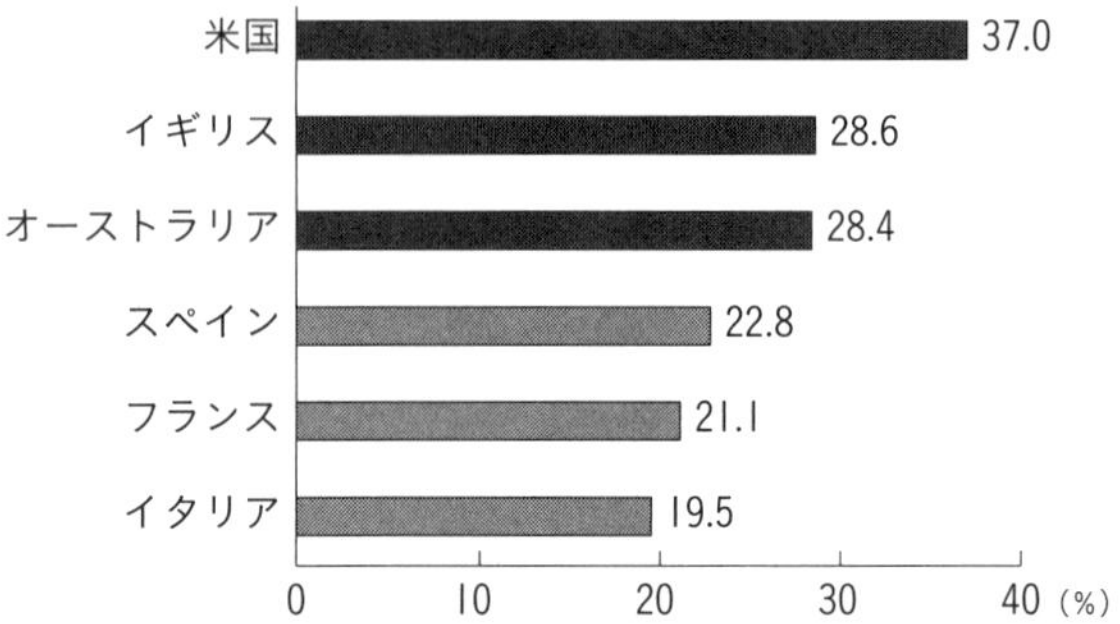

（注）18歳以上人口における肥満度指数（BMI）30以上の人口比率（％）
（出所）WHO（2016年）

ス、イタリアの肥満人口の比率をみたものである。
アメリカ、イギリス、オーストラリア（アングロサクソン系諸国）の肥満人口の比率は、イタリア、スペイン、フランス（ラテン系諸国）の肥満人口の比率を明らかに上回っている。各国の料理が、肥満人口比率に影響をもたらしていることを示唆する結果だ。

料理で食材をブランド化しよう

ここまでの分析結果から、品質を訴求する食のブランドについては、フランス、スペイン、イタリア料理に利用されることによって、ブランド価値の向上が期待できることが示唆される。

逆に、品質を訴求する食のブランドがアメリカ、イギリス、オーストラリア料理に利用されても、ブランド価値は、向上しない可能性が高い。

同じトマトであっても、アングロサクソン系諸国料理で利用されているトマトと、ラテン系諸国料理で利用されているトマトでは、消費者の頭に描かれるイメージは、大きく違うはずだ。

アメリカ、イギリス、オーストラリア料理のトマトのイメージを聞くと、多くの人がハ

図表7-19　トマトのイメージの比較

アングロサクソン系諸国料理のトマトのイメージ

ラテン系諸国料理のトマトのイメージ

ンバーガーの具材や、ホットドッグのケチャップなどを思い浮かべる。

一方、イタリア、スペイン、フランス料理で利用されているトマトのイメージを聞くと、トマトとチーズのカプレーゼや、トマトのパスタなどを思い浮かべる人が多い（図表7－19）。ラテン系諸国料理のトマトは、皿の中でも存在感がありそうだ。

第3編

世界ブランドを創造する

第8章

国境を越えるブランドの「軸」をつくろう

理想なきブランドはない

第3編からは、国境を越えるブランドづくりの方向性を具体的に検討していくことにしよう。

ブランドづくりの第一ステップは、「ブランドアイデンティティ」の明確化である。いきなり「知名度を上げよう」「広告をしよう」「ロゴをつくろう」は、ブランドづくりではない。それは、単なる宣伝だ。

ブランドアイデンティティとは、換言すると「ブランドが目指す理想の姿」「どのようなブランドになりたいのか」である。

ブランドアイデンティティ　＝　ブランドが目指す理想の姿

既述の通り、強いブランドを生み出すために最も重要な要件は、買い手の心の中に「明快なイメージが浮かぶこと」だ。買い手の心に明快なブランドイメージを生み出すためには、売り手側に、ブランドのありたい姿が明確に描けていることが前提となる。

（前提）　売り手の心「明確なブランドアイデンティティ」
←
（結果）　買い手の心「明快なブランドイメージ」

そもそもアイデンティティがないブランドが、世界に出ていったとしても、誰にも相手にされることはないだろう。

海外に進出すれば、企業を取り巻く環境は、国内に比べて変動性が増し、不確実になり、複雑化する。だからこそ、明確な「軸」が欠かせない。

それが、ブランドアイデンティティだ。

ブランドアイデンティティは、ブランドの「幹」

強い世界ブランドはブレない

ブランドアイデンティティは、すべてのブランド戦略の軸になる。木の「幹」のようなものだ。しっかりとした幹があれば、「何をすべきか」「何をすべきでないか」が明確になる。ブランドアイデンティティに合うことは実施し、合わないことは実施しない。ブレることはない。

海外に出ると、思い通りにいかないことや、判断に迷うことが多々ある。しっかりとした幹があれば、ブランドの本質から離れた意思決定をすることもなくなるはずだ。

強い世界ブランドは、ブレない。コカ・コーラの「飲料で世界をリフレッシュしよう」というブランドが目指す姿にブレは一切感じられない。スターバックスの「コーヒーを軸に、家庭でも職場でもない〝第3の場所〟でくつろぎを提供しよう」というブランドが目指す方向性にも全くブレはみられない。

国境を越えてブランドアイデンティティを共有する

ブランドアイデンティティを定義できたら、次は、ブランドづくりに関わる国内外のメンバーが、ブランドアイデンティティを共有する段階だ。

ブランドアイデンティティは、経営者間だけでなく、生産者、マーケティングチーム、デザイナーなど、ブランドづくりに関わるメンバー全員で共有することが重要になる。

ブランドアイデンティティをメンバーで共有するためには、文字化することが欠かせない。ブランドのありたい姿が明快であれば、シンプルな文に落とし込むことができるはずだ。後述する通り、アメーラのブランドアイデンティティは、日本語で26文字、英語で12ワードと比較的短いものだ。アイデンティティが長いと共有が困難になる。

ブランドアイデンティティを浸透させるためには、何度も繰り返し伝えることが必要だ。数回伝えたぐらいで、メンバー全員で共有することは不可能だ。

ブランドアイデンティティを「定義する」
↓
ブランドアイデンティティを「共有する」
↓
ブランドアイデンティティを「繰り返し伝える」

アメーラのブランドアイデンティティ

アメーラのヨーロッパ進出においては計画段階から、日本とスペインのメンバー間で、ブランドアイデンティティを繰り返し共有するようにした。ブランド戦略の会議には、毎回、両国の経営者、生産者、マーケティングチーム、デザイナーが参加している。

アメーラのブランドアイデンティティは、以下の通りである。ヨーロッパのブランドアイデンティティは、日本語のアイデンティティを英語に翻訳したものだ。国境を越えて、ブランドアイデンティティは共通している。

両国のメンバーでブランドアイデンティティを繰り返し共有

アメーラのブランドアイデンティティ

（日本）
最高品質の高糖度トマトでおいしさの感動をお届けします

（ヨーロッパ）
We offer you the ultimate taste experience with our finest sweet tomato.

アメーラのブランドアイデンティティは、農場にも掲げられている。生産者は、ブランドアイデンティティを毎日確認しているということだ。

このアイデンティティは、「最高品質」「高糖度トマト」「おいしさの感動」という3つのキーワードから構成されている。これらのキーワードには、ブランドづくりのエッセンスが込められている。具体的にみてみよう。

キーワード① 最高品質（finest）

ブランドづくりの土台は、高い品質である。土台が崩れれば、ブランドも崩れてしまう。ブランド価値を向上させるために、生産者は、徹底した品質管理、生産技術の向上、品質を高める創意工夫など、不断の努力をしている。

高糖度トマトには、決められた定義はない。サンファーマーズでは、自主基準を制定し、この基準をクリアしたトマトだけが「アメーラ」になる。スペインで生産されるアメーラトマトも、日本と同じ厳しい糖度基準を採用している。

アメーラトマトの糖度基準は、「1月21日～6月15日の期間は8度以上、6月16日～1月20日の期間は7・5度以上」である。一般的なトマトは、糖度5度程度と言われているので、極めて厳しい基準だ。最低糖度8度を目指していても、この基準はクリアできない。基準を達成するためには、最低糖度にプラスして1度以上の平均糖度が必要だ。

「プレミアム・アメーラ」というブランドはつくらない

流通業者から、過去に、次のようなオファーがあった。このオファーに関する回答は、イエスだろうか、ノーだろうか。

「当社のために〝プレミアム・アメーラ〟ブランドをつくってほしい」

答えはノーだ。

プレミアム・アメーラをつくってしまうと、アメーラというブランドが「最高品質」でなくなってしまう。「最高品質の高糖度トマト」が、アメーラそのもののアイデンティティだ。

実際、有力な世界ブランドを見てみよう。「プレミアム・ルイヴィトン」「プレミアム・アップル」「プレミアム・シャネル」などは存在しない。それ自体がプレミアムなのである。

安易にブランド名の頭に「プレミアム」や「こだわり」といった言葉をつけるケースが多くみられるが、よく考える必要があるだろう。

キーワード② 高糖度トマト（sweet tomato）

アメーラブランドでは、高糖度トマト以外はつくらない。なぜなら、ブランドアイデンティティに、アメーラは高糖度トマトと明示してあるからだ。

アメーラブランドで、一般的なトマトはつくらない。もちろん、「アメーライチゴ」も、「アメーラにんじん」もあり得ない。品ぞろえの〝足し算〟はしないということだ。

キーワード③ おいしさの感動（the ultimate taste experience）

アメーラがヨーロッパで目指しているのは、単にトマトという農産物をつくることではない。アメーラというブランドを通して、人々においしさの感動を提供することである。

アメーラのおいしさのポイントは、「甘味」×「酸味」×「うま味」の3つの次元の絶妙なバランスだ。この3要素の掛け算によって、立体的で深みのある味になり、「おいしさの感動」が生まれる（図表8－1）。

ちなみに、単に糖度が高いだけのトマトは、あまりおいしくない。ためしにトマトに砂糖をかけてみるとよくわかるはずだ。

図表8-1　甘味×酸味×うま味の融合した"3次元 テイスト"のトマト

おいしさに国境はない

あなたは、次の文の空欄にどのような言葉を入れるだろうか。

おいしいものを食べると、「　　　　　」である。

日本と海外（アメリカ、イギリス、シンガポール）の消費者に聞いてみた。結果は、図表8－2に示す通りである。

いずれの国も、圧倒的な第1位は「幸せ（Happy）」だ。おいしいものを食べると幸せな気持ちになるのは、世界共通である。おいしさの先には「幸せ」があるということだ（図表8－3）。

生産者は、単にトマトの種をまいているのではない。幸せの種をまいている。「おいしさの感動」を通して、人々に幸せを提供することが、アメーラというブランドの存在意義である。

図表8-2　おいしいものを食べると、「　　　　」である。

アメリカ人

順位	キーワード	出現頻度
1	**happy**	125
2	satisfied	53
3	good	38
4	enjoy	31
5	great	18

（出所）アメリカ500人調査（2020年）

イギリス人

順位	キーワード	出現頻度
1	**happy**	115
2	satisfied	54
3	good	45
4	enjoy	34
5	great	21

（出所）イギリス500人調査（2020年）

シンガポール人

順位	キーワード	出現頻度
1	**happy**	120
2	satisfied	52
3	good	34
4	enjoy	24
5	great	12

（出所）シンガポール500人調査（2020年）

日本人

順位	キーワード	出現頻度
1	**幸せ・幸福・ハッピー**	884
2	嬉しい	320
3	笑顔	127
4	元気	66
5	満足	64

（出所）日本2000人調査（2017年）

図表8-3　「おいしい」の先には「幸せ」がある。

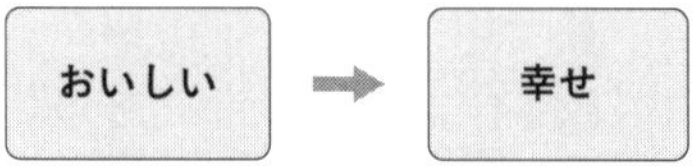

第9章 逆張りのブランドづくり

現地のリーダーと違うことをする

ライバルに「追いつけ、追い越せ」の発想では強いブランドは生まれない。他と違うことをすることが、ブランドづくりだ。

海外の先行ブランドと同じ土俵で戦っても、日本から来た後発のブランドは埋もれてしまう。既存商品がひしめく、ジャングルに種をまいたとしても、誰も気づいてくれない。

海外マーケットでブランドをつくるためには、現地のリーダーを見つけ、その逆を行くことが有効だ。「リーダーに追いつこう」という発想を捨て、「リーダーと違うことをする」のである。逆張りの発想だ。

かつて、ビジネス用のメインフレーム（大型コンピュータ）において圧倒的シェアを誇った巨人ＩＢＭに、Macintosh という小さなパーソナルコンピュータで挑んだアップルの戦略である。

２００９年のマッキントッシュ誕生25周年のイベントで、スティーブ・ジョブズは、合成音声で Macintosh にこう語らせている。

「**こんにちは、マッキントッシュです。スピーチは慣れていないので、ＩＢＭのメインフレームに初めて会ったとき思いついた格言をご紹介しましょう。『持ち上げられないコンピュータを信ずることなかれ』、です**」

先行ブランドの逆を行き、土俵を変える。そうすれば、後発企業でも一番になれる可能性が生まれるはずだ。

オランダの逆を行く

ヨーロッパにおける生食用トマトのリーダー国は、オランダである。オランダは、先端

図表9-1　オランダの逆にポジショニングする

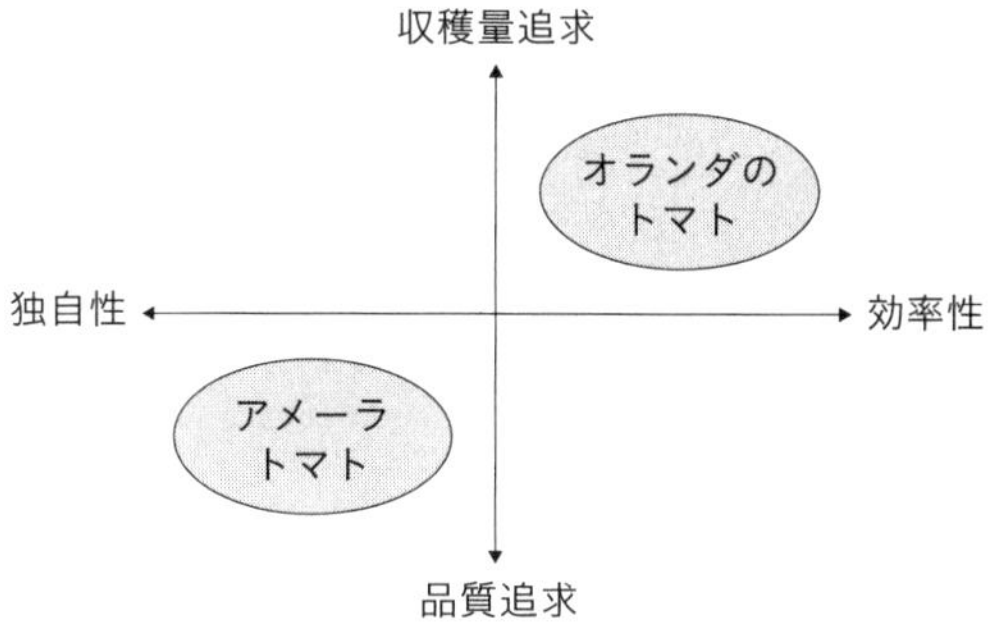

技術を導入した「スマート農業」で、世界の施設園芸をリードしている。

オランダ型のスマート農業が目指すのは、「収穫量」と「効率性」の追求である。日本からも、情報通信技術（ＩＣＴ）やロボット技術、人工知能（ＡＩ）などを活用したスマート農業を学ぼうと、農業関係者がオランダ視察に訪れている。

一方、アメーラが目指すのは、「独自性」と「品質」の追求によるブランド力の強化だ。スマート農業先進国であり、生食トマトのリーダー国オランダの逆にポジショニングする（図表９−１）。

トマト小国日本が、第二のオランダを目指しても、勝ち目はない。オランダのトマト生産が「効率性」を追求するのに対して、アメーラは、ある部分「非効率」を強みに変えようという発想だ。

アメーラの「低段栽培」(左)とオランダの「多段栽培」(右)

「アメーラは、ヨーロッパの一般的なトマトと明らかに違う特性がある。一般的なトマトとは異なるポジションをとると良い」

(フランスの種苗会社社長)

25段か、3段か

典型的なオランダのトマト栽培は、幹を高く伸ばし、トマトの実を何段にもつける多段栽培だ。25段にも達する幹もある。人の背丈の何倍もの高さだ。

一方、アメーラは、養分を苗全体に行き渡らせ、糖度と栄養価を高めるため、わずか3段の低段栽培だ。幹は、人の背丈ほどの高さしかない。

アメーラは、「量」を犠牲にしても、「質」を追求する。手間をかけ、きめ細かい栽培管理をすることで、糖度・酸味・うま味が絶妙なバランスで凝縮したトマトが生まれる。一見無駄に見える部分が、ブランドの競争力を生み出す源泉となる。

写真をみてほしい。人の大きさとトマトの背丈を比較すると、アメーラとオランダのトマトの生産方法の違いは明らかだろう。

スマート化で失われたもの

スマート農業先進国、オランダのトマト栽培の文献を読むと、「多収技術」「効率化」「省力化」という言葉は頻繁に出てくるが、「ブランド化」「個性」「独自性」「こだわり」といった言葉は皆無に等しい。

ベルリンやマドリードの国際展示会では、各国のバイヤー・流通業者に対して、オランダ産のトマトの評価を聞いた。多かった意見は、オランダの大玉トマト・中玉トマトは、「水っぽい」「コクがない」というものである。ミニトマトについては、「甘さはあるが、うまみがほとんどない」という意見が多かった。

オランダから参加しているバイヤー・流通業者には、アメーラを実際に食べてもらい、感想を聞いた。

「オランダには、アメーラのようなトマトがない」

「アメーラは、味がある」

「懐かしい味」

「昔のトマトの味がする」


これらの意見から示唆されることは何か。

収穫量や効率性を追求する「いわゆるスマート化」の進展によって、失われてしまったものがあるということだろう。

スマート化のパラドックス

「収穫量」と「効率性」という共通のモノサシでスマート化を進めると、商品の品質のバラツキは少なくなり、同じような商品が効率的に、たくさん生産されるようになる。

「ヨーロッパのトマトの味は、どれも違いがない」

図表9-2　ICT化による「同質化・低価格化」の悪循環

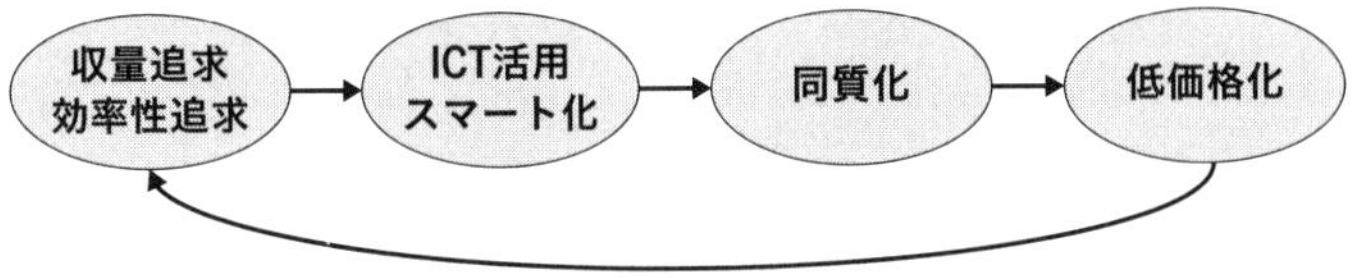

図表9-3　ブランド化による好循環

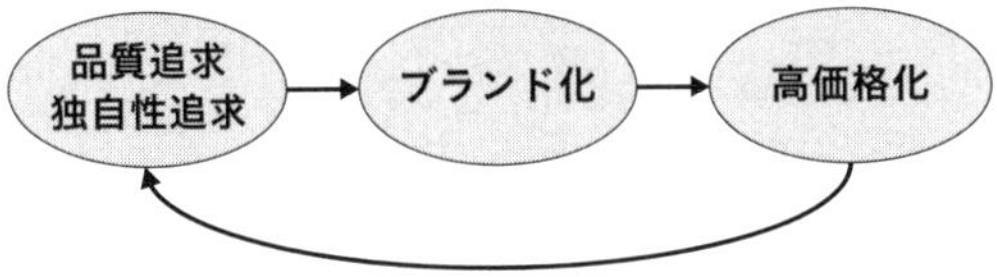

同質化と供給量の増大の先にあるのは、熾烈な価格競争である。コストを下げるために、さらなるICT投資が必要になってしまう。「スマート化のパラドックス」だ（図表9－2）。

一方、「品質」と「独自性」を追求すると、ブランド力が高まり、価格競争に巻き込まれにくくなる。「ブランド化による好循環」が生まれるということだ（図表9－3）。

アメーラがスペインにおいて、高価格で売れ続けているのは、量や効率性ではなく、質と独自性を、徹底的に追求しているからだろう。

今日の「いわゆるスマート化」は、サッカーに例えると、みんなが同じゴールに向かっているようなものだ。競争は熾烈になる。収穫量も効率性も、一本のモノサシが存在するので、勝ち負けがはっきりする。量の競争の行きつく先は、同質化

図表9-4　同質化による「競争」と独自化による「共存」

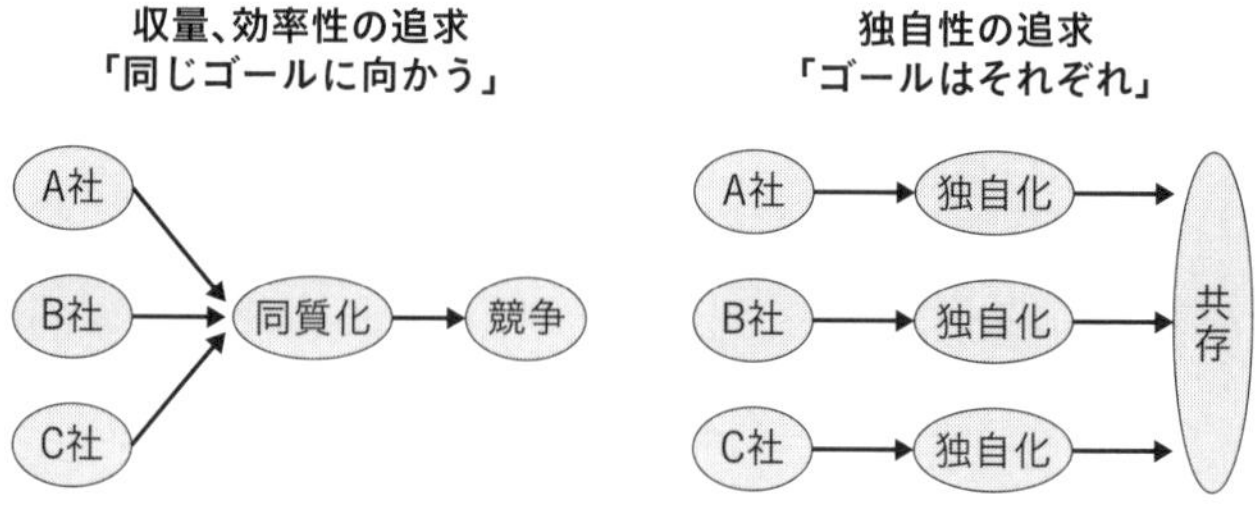

であり、価格競争だ。

> 「収穫量、効率性追求」→「同質化」→「価格競争」

ブランドづくりのゴールは、ひとつではない。独自性や質には、一本のモノサシがないため、単純な勝ち負けの勝負にはならない。独自性の追求の先にあるのは、競争ではなく、共存である（図表９－４）。

「真のスマート化」とは何か

もちろん、モノづくりにおいては、ＩＣＴを活用した「いわゆるスマート化」の役割は大きい。アメーラの生産も、ＩＣＴの恩恵を大いに享受している。

たとえば、ハウス内の気温、湿度、二酸化炭素などの環境調整、日照量に合わせた水分量、養液量などの自動制御、精度の高い出荷量予測システムなど、ICTを活用しなければ不可能だ。

（稲吉正博 サンファーマーズ社長）

「ICTは道具」

それほど遠くない将来、ICT、AI関係の技術を誰もが安価で使えるようになる時代が来るはずだ。ICTやAIによる農業支援システムが普及すれば、栽培技術の巧拙に関わらず、安定した品質・量の農産物の生産ができるようになる。

つまり、ICT化やAIの活用が進めば進むほど、「ICTやAIでできないことが武器になる」ということだ。ブランドづくりの肝は、ICTではできない部分にある。

スマート（smart）という英語は、賢い（clever）という意味だ。

真のスマート農業は、単なるICT、ロボット技術、AIの導入ではない。「ICT等の活用」と「ブランドづくり」を〝掛け算〟することだろう。

いわゆるスマート農業 ＝ ICT等を活用した生産
真のスマート農業 ＝ ICT等を活用した生産 × ブランドづくり

第10章

ＡＩでブランドはつくれるか

ＡＩか、こだわり農家か

ここで質問。あなたは、次のＡとＢのどちらの野菜に魅力を感じるだろうか。

Ａ 「人工知能（ＡＩ）を利用して育てた野菜」
Ｂ 「こだわりの農家が育てた野菜」

全国の消費者に聞いてみた。
結果は、図表10－1に示す通りである。「人工知能（ＡＩ）を利用して育てた野菜」よりも、「こだわりの農家が育てた野菜」に魅力を感じる消費者が顕著に多い。

図表10-1　AIを利用した野菜か、こだわりの農家が育てた野菜か

（%）

	A「人工知能（AI）を利用して育てた野菜」			B「こだわりの農家が育てた野菜」		
	とてもA	A	ややA	ややB	B	とてもB
男性	2.4	6.8	16.8	38.0	20.6	15.4
女性	0.6	3.8	9.0	27.8	32.6	26.2

（出所）全国消費者1000人調査（2021年）

「人工知能（ＡＩ）を利用して育てた野菜」が、多くの人々からの共感を得ることは難しいことを示唆する結果だ。

興味深いのは、男性に比べて、女性のほうが、「こだわりの農家が育てた野菜」に魅力を感じていることだ。女性の87％が、「こだわりの農家が育てた野菜」のほうに魅力を感じると回答している。

ＡＩを利用して育てた野菜のイメージを消費者に聞いてみた。

「無機質な感じがして、平均的な味になりそう」
「大量生産のイメージがある」
「画一的な感じがある」
「なんとなく全てが同じ形、同じ味、同じ品質のようなイメージをもってしまい、あまりおいしそうだと思えない」

一方、こだわりの農家が育てた野菜のイメージは次の通りだ。

「温かみを感じる」
「手間暇をかけて育てた感じがする」
「野菜がつくられた背景を想像することができる」
「作った人の愛情を感じられる」
「こだわり農家の野菜にはストーリーがありそう」

人間には、人と感情的に結び付きたいという本能がある。ハイテク化が進めば進むほど、その反作用として、ハイタッチ（人間同士の心の触れ合い）のニーズも高まるはずだ。

おそらく、「ＡＩトマト」という名称のブランドをつくったとしても、強いブランドにはならないだろう。

AIが得意なこと、ブランドづくりで大切なこと

ＡＩが得意なのは、正解があることや、パターン化できることである。たとえば、トマトの画像を見せて、「これがトマトか否か判断せよ」といったことは得意である。なぜなら、たくさんのデータがあり、正解があるからだ。

一方で、「トマトのおいしさは？」「トマトの魅力は？」「トマトの美しさは？」といった好き嫌いや感性に関する質問には、ＡＩはなかなか答えられない。正解がないからだ。

「おいしいものを食べるのは「快」だし、ぐっすり寝るのも「快」だ。（中略）。こうした本能に直結するような概念をコンピュータが獲得することは難しい」

（松尾豊『人工知能は人間を超えるか』）

ＡＩが力を発揮するのは、次のような分野である。

●前例がある

- 大量のデータがある
- パターン化できる
- 正解がある
- 理性に訴える
- 「良い悪い」の勝負
- 過去をベースに現在を考える

一方、ブランドづくりで大切なことは、次のようなものである。

- 前例がない
- データが少ない
- 独自性が必要
- 正解がない
- 感性に訴える
- 「好き嫌い」の勝負
- 未来を描く

つまり、強いブランドをつくるためには、ＡＩが不得意なことに力を入れることがポイントになるということだ。

ある日のアレクサとの会話

アレクサ（Alexa）はアマゾンが開発したＡＩだ。私も、自宅でアレクサを愛用している。アレクサに話しかけると、いろいろなことを教えてくれる。お店探し、音楽の選曲、天気予報や気温の確認、料理タイマー、買い物の注文などにも対応してくれて、とても便利だ。

だが、アレクサと会話をすると、今のＡＩの弱みも感じることがある。ここで、実際のアレクサと私の会話を紹介しよう。

私　「アップルのブランド力は？」

アレクサ　「すみません。私には、わかりません」

私　「アマゾンというブランドは好き？」
アレクサ　「すみません、よくわかりませんでした」
私　「アマゾンと楽天のどちらが好き？」
アレクサ　「ちょっと、よくわからなかったです。ごめんさない」
私　「日本の食の魅力は？」
アレクサ　「ごめんなさい、ちょっとわかりませんでした」
私　「紅茶の香りは好き？」
アレクサ　「わかりません。ごめんなさい」
私　「トマト系のパスタとクリーム系のパスタ、どちらが好き？」
アレクサ　「すみません。よくわかりませんでした」
私　「美しい花を見ると心が動く？」

アレクサ　「ごめんなさい。ちょっとわかりませんでした」

私　「ちょっと使えないな」

アレクサ　「アレクサアプリからいつでもフィードバックをお送りください」

これとまったく同じ質問を、学生たちに聞いてみた。すべての質問に学生は、いとも簡単に答えることができた。

私　「今の気温は?」

この質問には、学生は正確に答えることができなかったが、アレクサは迷わず答えてくれた。

アレクサ　「現在の気温は摂氏21度です。今日の予想最高気温は27度、予想最低気温は13度です。Have a nice day!」

今の気温を聞いたのに、今日の最高気温、最低気温まで親切に教えてくれる。最後に「Have a nice day!」の一言も付け加えてくれた。完璧だ。

この会話の事例からわかることは、今のＡＩは、情報の探索や、正解があるものを見つけることは得意であるが、人の感性を理解することや、自らの好き嫌いを判断することは苦手だということである。

ＡＩは技術であり、コンピュータである。人の心を動かすのはＡＩではなく、人間だ。人の心は、コンピュータでは計算はできない。いや、計算できないから心なのである。どのようなブランドをつくるのかを決めるのは、ＡＩではなく、人間だ。

そもそも「ＩＣＴやＡＩを導入したからブランド力が強くなった」といった話を聞いたことがあるだろうか。おそらくないはずだ。ＩＣＴやＡＩなどの技術が力を発揮するのは、モノづくりであって、ブランドづくりではない。

●モノづくり　↓　ＩＣＴ、ＡＩの有効活用
●ブランドづくり　↓　ＩＣＴ、ＡＩでできないことに力を入れる

第11章 引き算のブランドづくり

ブランド化のきっかけは何か

ブランドづくりを学ぶために、強いブランドが〝今、何をしているのか〟を研究することは、あまり意味がないかもしれない。なぜなら、そのブランドは、〝すでに〟強いブランドだからだ。知るべきは、そのブランドが〝強くなるきっかけ〟は何かである。

たとえば、

- **アップルが今、何をしているのかではなく、アップルが強いブランドになるきっかけは何か**
- **スターバックスが今、何をしているのかではなく、スターバックスが強いブランドになるきっかけは何か**

●ユニクロが今、何をしているのかではなく、ユニクロが強いブランドになるきっかけは何か

を知ることが、ブランドづくりを学ぶためには欠かせない。

きっかけは「引き算」

強いブランドになるきっかけをみると、その多くに共通することがある。

それは〝引き算〟の発想だ。

一度アップルを追い出されたスティーブ・ジョブズが1997年にアップルに復帰するとすぐに行ったのは、製品のラインナップの〝引き算〟だ。

マッキントッシュだけでも10種類あまりあったものを、「一般消費者」「プロ」「デスクトップ」「ポータブル」の4種類に絞り込んだ。プリンターもサーバーも引き算した。

「何をしないかを決めることは、何をするかを決めるのと同じぐらい重要だ」

「何かを捨てないと前に進めない」

（スティーブ・ジョブズ）

1971年　　1987年

「COFFEE・TEA・SPICES」から「COFFEE」へ

スターバックスは、創業時の「コーヒー、ティー、スパイス」の3本柱から「ティーとスパイス」を引き算し、「コーヒー」に絞ったことがブランド化のきっかけである。コーヒーに絞り込むことによって、イメージが明快になった。イメージが明快になれば、ブランド力は強くなることは、既述の通りだ。

アマゾンが世界のブランドになる原点は「書籍」への集中である。書籍を軸に、ユーザビリティ、在庫、配送などシステム拡充の投資を続け、圧倒的な競争力を作り上げた。

現在のロゴに書かれているように「AからZまで」オンラインで対応できる全ての商品に広げるようになったのは、ブランドが確立した後だ。もしも、創業時から幅広いジャンルを扱うネットショップだったとしたら、今のアマゾンはなかったはずだ。

日本発の企業も同様だ。

ユニクロがブランド力を高めたきっかけは、フリース一点に絞って展開したキャンペーンである。

「何か商品を絞って訴えないかぎり、お客様には来ていただけそうにない」（柳井正）

CoCo壱番屋（ココイチ）も同様である。スタートは、1974年開業の「喫茶バッカス」。ブランド化のきっかけは、喫茶店メニューを引き算し、カレーに集中したことである。

その後、アジア各国、アメリカなど世界にも進出し、世界最大のカレーレストランチェーンとしてギネスブックにも登録されている。今や、カレーの本場のインドにも出店している。カレーがおいしい喫茶店のままでは、世界ブランドにはならなかっただろう。

危険な「足し算戦略」

もしも、スターバックスが、「足し算の発想」で、「コーヒー、ティー、スパイス」から「コーヒー、ティー、スパイス、ホットドッグ、ハンバーガー」と品ぞろえを増やしたとしたら強いブランドになっただろうか。

アップルが、冷蔵庫も洗濯機もファックスも売る総合家電メーカーを志向したとしたら、ブランドになっただろうか。

ブランドの失敗事例をみると、その多くが「足し算」だ。

かつてアパレルのグローバルブランドが、洋服だけでなく、バスタオル、シーツ、トイレのスリッパ、ボールペンなどにブランドを拡張した結果、ブランドの輝きは失われた。

ユニクロが、かつて野菜ビジネスに参入して、成功しなかったのも、足し算の発想だったからだろう。アパレル企業が、野菜を扱っても、消費者の共感は得にくい。

かつて、ケンタッキーフライドチキンがビーフバーガー、ポークバーガーを発売し、うまくいかなかったのも「足し算」の発想だからだ。チキンにビーフ、ポークを足し算することによって、逆に、売上は引き算された。今は、ビーフバーガーも、チキンバーガーも扱っていない。

日本の総合家電メーカーが、世界でのブランド力を下げたのも同様かもしれない。「総合（いろいろ）」だからである。「いろいろ」と聞いてイメージが浮かぶだろうか。「いろいろ」という色はない。

日本は、引き算の国

日本はもともと引き算の国である。

たとえば、日本の国旗を思い浮かべてみよう。世界一シンプルだ。白地に赤い丸が一つ。線も一本もないし、星も一つも描かれていない。究極の引き算である。

ここで質問。

日本の国旗の赤の面積は、全体の何パーセントだろうか？

人々に聞いてみると、多くの人が30～40％程度と回答する。実際は、赤の面積はわずか18・8％だ。全体の8割以上は白色である。日の丸は、我々に「引き算が力になること」や「余白の重要性」を教えてくれる（岩崎邦彦『引き算する勇気』）。

簡素に美しさを見出す禅や茶道。四畳半の茶室や枯山水の日本庭園は何とシンプルだろう。自然を生かすシンプルな日本庭園は、自然に手を加え豪華さを演出する西洋庭園とは

**日本庭園（左）は“引き算の発想”で自然を生かし、
西洋庭園（右）は“足し算の発想”で自然を支配する**

対照的である。

わずか17文字からなる世界で一番短い文学、俳句。余分なものを加えず、素材そのものを生かす和食など、いずれも引くことによって、人の心に訴えてくる。

日本人は、昔から足し算ではなく、引き算に価値を見出してきた。「引く力」は、日本人が伝統的に持つ強みである。伝統の中にこそ、日本が世界でのブランドづくりに成功するカギがあるはずだ。

世界の共感を生む、日本発の引き算

日本発の引き算のコンセプトは、海外の人々にも共感されやすい。

たとえば、シンプルなデザインと機能が魅力の「無印良品（ＭＵＪＩ）」の製品が、日本の標準仕様で世界の人々に受け入れられていることも、引き算の発想が共感されているからだろう。

アメーラのヨーロッパ進出においては、引き算をブランド戦略の軸に据えている。引き算のコンセプトは、スペインのマーケティングチームやデザイナーからも、理解と共感を得やすかった。

スペインのメンバーに引き算の発想を伝えるために利用したのは、日本の国旗「日の丸」だ。

アメーラのヨーロッパのパッケージやロゴも、日の丸をベースとしている。色は赤と白のみ、大きな余白をとっている。このシンプルさが「日本的なイメージ」と「力強さ」を生み出してくれる。

引き算のパターン

一言で引き算といっても、さまざまなパターンがある。たとえば、次のような引き算だ。

- 「事業領域」の引き算
- 「品ぞろえ」の引き算
- 「機能」の引き算
- 「用途」の引き算
- 「デザイン」の引き算
- 「ターゲット」の引き算

引き算のパターンについて、いくつか具体的にみていこう。

「事業領域」の引き算

世界に出ていくということは、競争相手が国内から世界に広がるということだ。選ばれるためには、どこかで「尖る」ことが必要だ。

図表11－1に示すように、事業領域を絞ることによって尖ることができる。強い世界ブランドには、尖りがある。尖りがあるから、人々の心に刺さる。

とくに、大企業に比べ経営資源が限られる中小企業には、尖りが欠かせない。世界で勝

図表11-1　絞れば、尖る。尖れば、買い手の心に刺さる

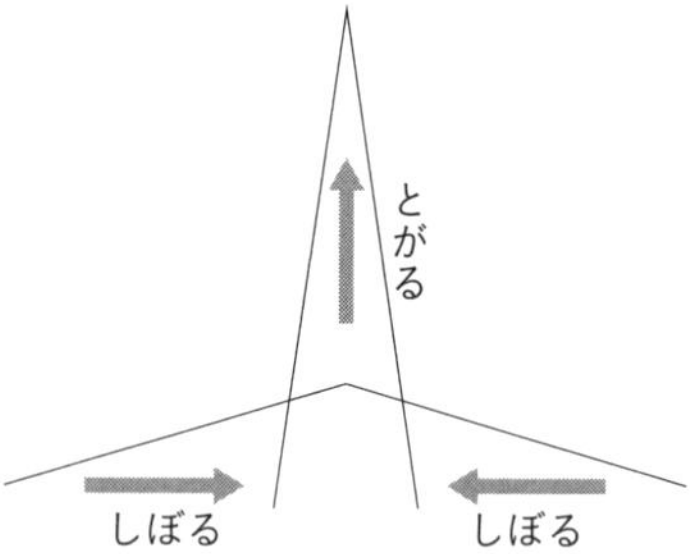

つ中小企業は、そのほとんどが自分のもっとも得意な分野に領域を絞り、力を集中させている。小さな世界ブランドが追求するのは、事業の「広さ」ではなく、「深さ」だ。

「品ぞろえ」の引き算

品ぞろえを引き算することによって、強いブランドを生み出しやすくなる。

その理由は、まず第一に、品ぞろえを引き算することで「イメージが明快になる」ためだ。たとえば、「食品→野菜→トマト→高糖度トマト」と絞れば絞るほど、ブランドイメージは明快になっていく（図表11－2）。

第二は、経営資源を効果的に活用できるということである。品ぞろえの引き算によって、限られた経営資

図表11-2　品揃え引き算することで、イメージが明快になる

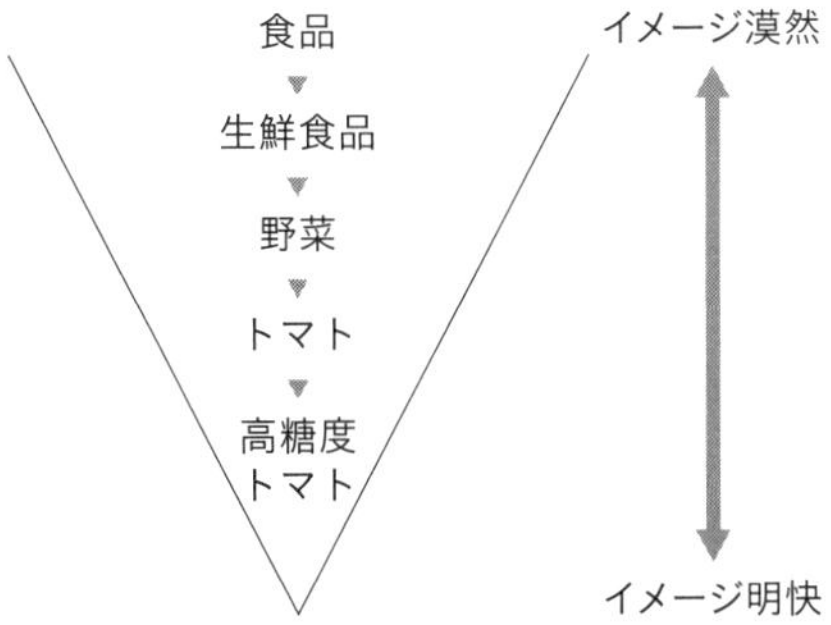

源を有効に活用することができる。

第三は、消費者の知覚品質が上がるということだ。総合食堂のパスタよりも、パスタ専門店のパスタのほうが、おいしそうに感じるのは、この原理だ。

例をあげよう。ニュージーランドといえば、キウイフルーツが有名だ。キウイフルーツの代表的なブランド「ゼスプリ」は、多くの日本人も知るグローバルブランドである。

ゼスプリが取り扱うのは、キウイフルーツだけだ。キウイフルーツに集中することによって、「キウイフルーツといえば、ゼスプリ」「ゼスプリといえば、キウイフルーツ」という明快なイメージが生まれ、強い世界ブランドになっている。

ちなみに、ニュージーランドといえば、ラグビー強国としても有名だ。ニュージーランドは人口500万

図表11-3　品揃えの引き算

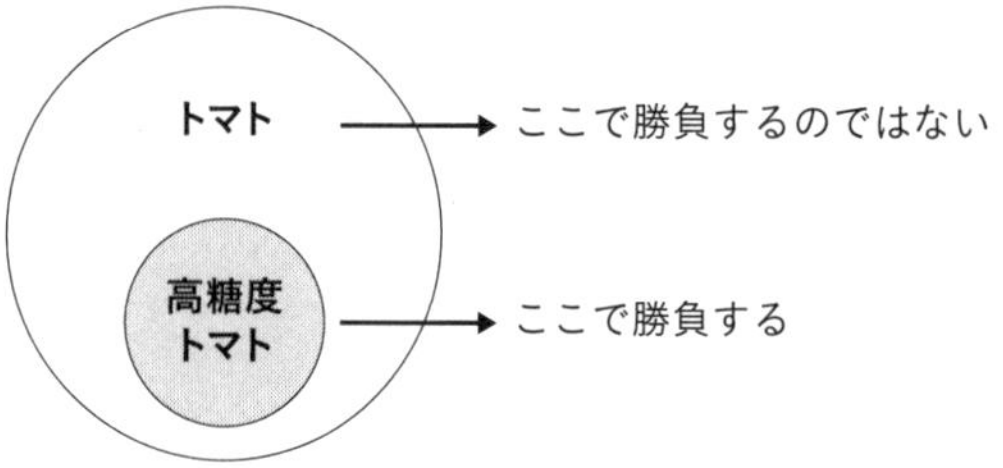

人ほどの小さい国で、スポーツ全般的にはそれほど強くはない。だが、ラグビーに関しては世界トップレベルだ。代表チームのブランド「オールブラックス」は、ラグビーではナンバーワンのブランドだ。

「ゼスプリ」や「オールブラックス」の例は、たとえ小さくても、何かに集中することによって、ナンバーワンになれることを教えてくれる。

アメーラの品ぞろえも、引き算の発想で行っている。アメーラが「トマト全体」でヨーロッパのブランドになることは不可能だ。しかし、「高糖度トマト」に絞れば、トップブランドを目指すことができるはずだ（図表11－3）。

「食べ方」の引き算

世界でのトマトの食べ方は、基本的には足し算である。加熱をする、煮込む、ドレッシングを加える、オリーブオイルを加えるといった食べ方が一般的だ。

たとえば、スペイン料理におけるトマトの主要用途を見てみよう。

●トマトをすりつぶし、オリーブオイルをかけ、パンにつける
●カットしたトマトをパエリアに入れ、焼き上げる
●トマトを煮込み、トマトソースをつくる

一方、日本には、寿司や刺身に代表される生食文化に象徴されるように、素材そのものをたのしむ「引き算の食文化」がある。

海外の人々に好きな日本の食をあげてもらうと、「寿司」「刺身」が上位に来る。いずれも、素材そのものが勝負になる引き算の食べ物だ（図表11－4）。

「日本の生食文化をトマトで広めたい」

（稲吉正博　サンファーマーズ社長）

図表11-4　私が、好きな日本食は「　　　　」である

アメリカ

順位	キーワード	出現頻度
1	sushi	157
2	rice	38
3	ramen	21
4	noodles	16
5	tempura	12

（出所）アメリカ500人調査（2021年）

イギリス

順位	キーワード	出現頻度
1	sushi	160
2	noodles	30
3	fish	17
4	sashimi	12
5	tempura	11

（出所）イギリス500人調査（2015年）

オーストラリア

順位	キーワード	出現頻度
1	sushi	196
2	ramen	23
3	sashimi	20
4	noodles	13
5	tempura	12

（出所）オーストラリア500人調査（2017年）

シンガポール

順位	キーワード	出現頻度
1	sushi	166
2	sashimi	96
3	ramen	83
4	tempura	15
5	udon	15

（出所）シンガポール500人調査（2016年）

図表11-5　アメーラトマトをどのように食べたか

順位	キーワード	出現頻度
1	そのまま・生	131
2	サラダ	100
3	カプレーゼ	9
4	パスタ	6
5	オリーブオイル	4
6	サンドイッチ	3
6	モッツァレラチーズ	3

（注）出現頻度3以上の単語を表示
（出所）アメーラを食べた消費者197人調査（2018年）

甘味、酸味、うま味のバランスが良いアメーラは、スライスするだけで、おいしく食べることができるトマトだ。日本でも、アメーラは「そのまま」「生」で食べる人が圧倒的に多い（図表11－5）。

トマトを通じて、ヨーロッパに日本の食文化を発信し、新たな需要を創造する。スライストマトは、言葉をかえれば、「トマトの刺身」だ。スライスするだけで食べられるアメーラは、醤油やワサビをつける刺身よりも、さらにシンプルかもしれない。

ベルリンやマドリードの国際展示会では、参加者に次のように伝え、何もつけずにアメーラを生で食べてもらった。

「No oil, No seasoning. Just slice and enjoy.」

アメーラのスライスは国際展示会でも人気

（オリーブオイルも、ドレッシングもいらない。スライスするだけで、楽しめます）

アメーラの引き算の食べ方は、素材を楽しむ日本食のイメージに合うため、海外の人々の共感も得やすく、味の評価も良かった。

「トマトらしい味」
「最近のトマトは味がしないが、アメーラは味がしっかりしている」
「オイルなしでおいしい。すばらしい」

ちなみに、海外では寿司やラーメン

も人気の日本食だが、アメーラの果肉を握った「アメーラ寿司」は、見た目がマグロの寿司のようで、味もおいしい。ベジタリアンにはピッタリだ。

アメーラをトッピングした「アメーラ・ラーメン」もお薦めだ。アメーラの凝縮した旨味とスープのうま味の相乗効果が楽しめる。

「ターゲット」の引き算

ブランドづくりは、「八方美人」ではなく、「一方美人」の発想が必要だ。全ての人を満足させようとすると、そのブランドは平均値に近づき、個性が薄まってしまう。

想定ターゲットを絞れば、そのブランドから明快で鮮明な個性が発信される。ホースで水を撒くときに、先を絞ると、水の勢いが強くなるのと同じだ。

「ターゲットを絞ってしまうと、顧客が減ってしまう」

このように言う経営者がいるが、逆だろう。引き算によって、ブランドイメージが明快になるため、顧客層は広がる。「絞り込みによる、拡大効果」が生じるのがブランドづく

アメーラの想定ターゲットは、「都会に住む、グルメな大人の女性」

りだ。

アメーラの想定ターゲットは、「都会に住む、グルメな大人の女性」である。アメーラのヨーロッパのWebサイトに出ている人物（写真）が、想定顧客のイメージだ。

「キャラクター」の引き算

日本各地のブランドづくりをみると、キャラクターを利用することがとても多い。とくに、地域の産品などをみると、各地のキャラクターが使われているケースにしばしば出会う。

キャラクターの活用のポイントは、ブランドアイデンティティとのハーモニーだ。ブランドが目指すべき方向性とキャラクターのイメージが調和していることが欠かせない。

かわいらしいブランドを目指すのであれば、かわいらしいキャラクター。親しみのあるブランドを目指すのであれば、親しみを感じるキャラクターといったイメージだ。

ニュージーランド発のキウイフルーツのグローバルブランド「ゼスプリ」のキャラクター（キウイブラザーズ）は好事例だろう。「キウイフルーツをより親しみやすくする」「毎日の身近なフルーツ」というブランドの方向性とキャラクターが見事に調和している。子供だけでなく、ターゲットとなる大人の女性も親しみを感じるキャラクターだ。

一方で、もしもブランドアイデンティティとキャラクターにハーモニーがなければ、キャラクターを「引き算」するという判断も必要になる。ブランドアイデンティティの伝達にキャラクターが不要であれば、あえてキャラクターを「足し算」する必要はない。

事実、アップルに「リンゴちゃん」はいないし、ナイキに「ナイキくん」もいない。ルイ・ヴィトンにも「ヴィトンちゃん」はいないし、フェラーリに「フェラーリくん」もいない。

実は、かつて、アメーラにはキャラクター「アメーラちゃん」がいた。パッケージ、ポ

さよなら、アメーラちゃん

スターなどには、「アメーラちゃん」が登場していた。

しかし、ブランドが目指す方向とアメーラちゃんのイメージにハーモニーがなかった。大変心苦しかったが、アメーラちゃんには「さよなら」を告げた。今から10年ほど前のことだ。

現在、アメーラちゃんに会えるのは、本書だけだ。

第12章 世界ブランドは感性に訴える

頭だけでなく、心に訴求する

強いブランドは、買い手の「感性」に訴えている。機能の追求だけで、強い世界ブランドが生まれることはない。買い手の頭（mind）だけでなく、心（heart）にも訴求することが、ブランド力を高めるポイントだ。

アップルが強いブランドなのは、シンプルで洗練されたデザインや、スティーブ・ジョブズの思想、ストーリーなどで、買い手の心を引きつけているからだ。

コカ・コーラは、買い手の頭に訴える機能性飲料ではない。感性に訴える情緒性飲料だ。ブランド名を隠した味覚テストにおいて、ペプシに分があったことは、有名な話だ。

ディズニーは、アトラクションの機能で強いブランドになっているわけではない。魔法の国で、夢があるから人々の心を引きつけている。

フェラーリは、車としての実用性で優れているわけではない。シートは少ないし、空間も狭く、大きな荷物も乗らない。フェラーリの会長は以前こう語っていた。

「顧客は車でなく、夢を買っています」

買い手の心に訴え、心を動かすことができなければ、強いブランドにはならないということだ。

アメーラもWebサイトやパンフレットで「Touch your heart」と、買い手の心に訴えるブランドを目指すことを明文化している。

「良い悪い」の勝負から、「好き嫌い」の勝負へ

ブランドづくりは、「良い悪い」の勝負というよりも、「好き嫌い」の勝負である。たとえば、次のような言葉には、違和感があるのではないだろうか。

「ディズニーが良い」

「コカ・コーラが良い」

「スターバックスが良い」


一方、次の言葉には、違和感がないはずだ。


「ディズニーが好き」

「コカ・コーラが好き」

「スターバックスが好き」


ディズニーに行く人は、施設が「良い」から行くのではない。ディズニーが「好き」だから行くのだ。

コカ・コーラを飲む人は、機能が「良い」から買うのではない。コカ・コーラが「好き」だから買うのである。

スターバックスに行く人は、コーヒーの機能が「良い」から買うのではない。スターバックスが「好き」だから行くのだ。

図表12-1　良い品質はブランドの土台

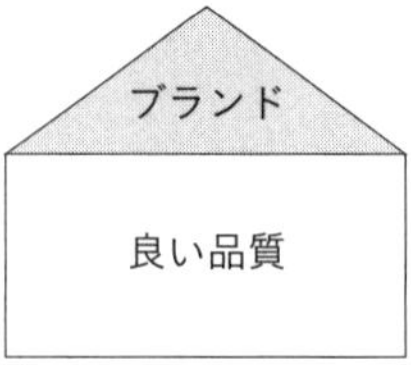

そもそも、「良くない」商品は、いくら努力をしても、強いブランドにはならない。品質が良いのは、ブランドづくりの土台である（図表12－1）。

機能と情緒の逆相関現象

行き過ぎた機能の追求が、情緒的価値を下げてしまうこともある。「機能と情緒の逆相関現象」だ。図表12－2は、この逆相関現象を表現したものである。

身近な例をあげよう。

テレビの映像技術をイメージしてほしい。最近のドラマは、最新の映像技術を利用して、制作されている。画面は、とても明るく、非常に鮮明だ。

ところが、視聴者からの声を聞くと、どうだろう。

「映像が明るすぎて、リアル感がない」

図表12-2　機能と情緒の逆相関現象

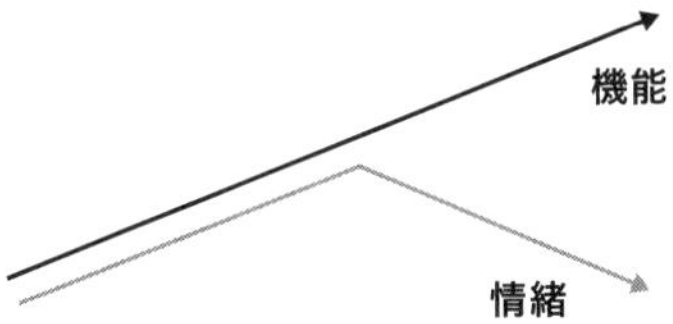

「画面の色が鮮やかすぎて、リアリティがない」
「画像が鮮やかすぎて、目が疲れる」

このような不満が多い。機能を過度に追求することで、逆に、視聴者の心が離れていってしまう。

よく考えると、当然かもしれない。

室内すべてが鮮明に見える明るい部屋で、リラックスできるだろうか。LEDライトで、とても明るく、均一的な照明の部屋では、落ち着けないのではないか。

たしかに、雰囲気や快適性を訴求するホテルのラウンジは、あえて照度を低くして、高級感を演出している。

新幹線のグリーン車の室内照明も同様だ。普通車に比べ、照度は暗めだ。少し薄暗いほうが落ち着く。

テレビの画面も、明るすぎず、鮮明過ぎないほうが、視聴者にとって心地よいかもしれない。少しぐらい不鮮明なほうが、逆に視聴者の想像力を喚起することもあるだろう。

ブランドづくりも、同様だ。過度な機能性の追求は危険な面もある。

第一に、機能で引きつけた顧客は、機能で逃げていくということだ。リピーターになりにくい。より高い機能の商品が出現すれば、そちらにシフトしてしまう。

第二は、コンピュータの処理能力、テレビの画面の解像度、緑茶のカテキンの含有量といった「機能的な価値」は、数字で表現できるため、勝ち負けがはっきりするということだ。機能の勝負は、多様性につながりにくい。

ブランド要素で感性に訴求しよう

強いブランドをつくるためには、ロゴ、パッケージ、スローガン、カラー、キャラクター、パンフレット、ポスター、Ｗｅｂサイトのデザインといった、いわゆる「ブランド要素」で、ブランドの世界観を「視覚化」することや、「言語化」することが大切だ。

とくに、海外でのブランドづくりにおいては、ロゴやパッケージなど、視覚による「非言語コミュニケーション」の役割が重要になってくる。

図表12-3　ブランド要素の「ハーモニー」と「一貫性」

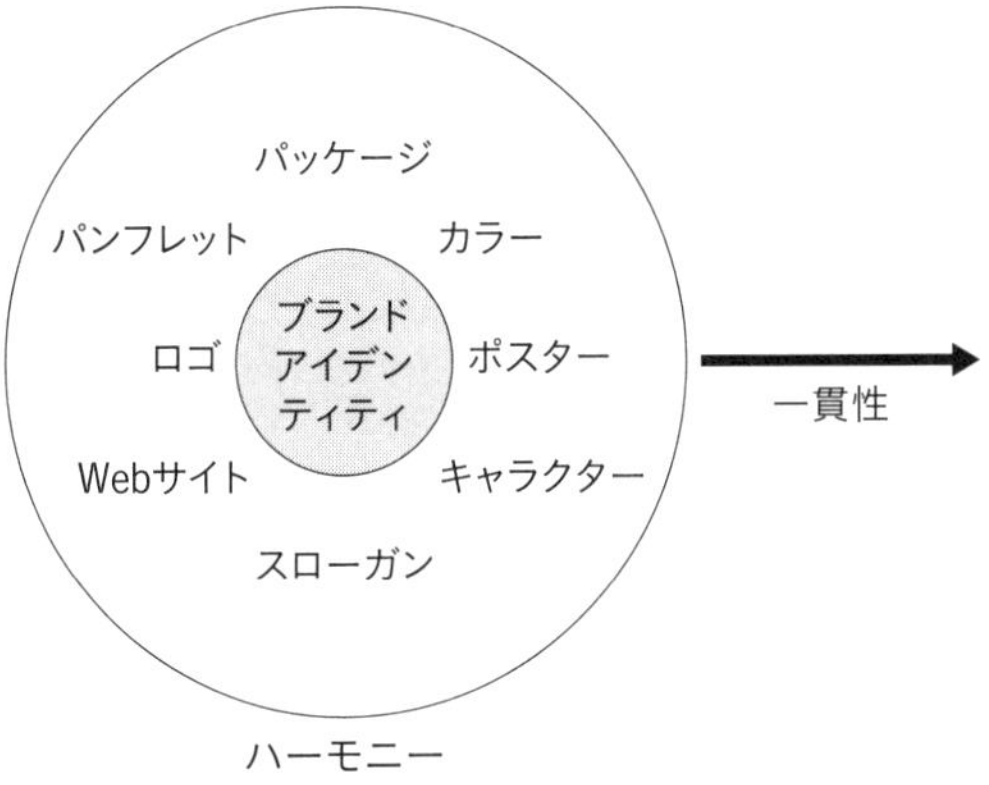

【ブランド要素】
ロゴ、パッケージ、スローガン、カラー、キャラクター、パンフレット、ポスター、Webサイトのデザインなど

ブランド要素には、大切な2つの条件がある。一つが「ハーモニー」であり、もう一つは「一貫性」だ（図表12－3）。

ハーモニーについては、次の2つがポイントだ。

①ブランドアイデンティティとブランド要素のハーモニー

ブランド要素は、ブランドアイデンティティ（ブランドのありたい姿）を「視覚化」「言語化」したものである。ブランド要素は、ブランドアイデンティティとハーモニーがなければならない。

②ブランド要素間のハーモニー

ブランド要素間のイメージがバラバラであると、買い手の心の中に明快なイメージをつくることは難しい。強いブランドにはハーモニーがある。たとえば、スターバックスのブランド要素をみてみると、ロゴ、店舗、カップ、スタッフのユニフォーム、禁煙のマークに至るまで、デザインにきれいな調和がとれていることがわかるはずだ。

「デザインは目で見る交響曲でなければいけない」

（本田宗一郎）

まさに、ブランドづくりにおけるデザインの本質をつく、秀逸な言葉だ。ホンダが日本を代表する世界ブランドになったのは、創業者にこのような発想があったからだろう。アメーラのブランドづくりにおいても、ハーモニーを重視している。ロゴ、ラベル、パッケージ、ポスター、Ｗｅｂサイトのトップページなどを作成するときには、それらを１枚のスライドに集約して、プロジェクターで投影し、全体にきれいなハーモニーがあるかを確認している。ハーモニーがなければ、その案は採用しない。

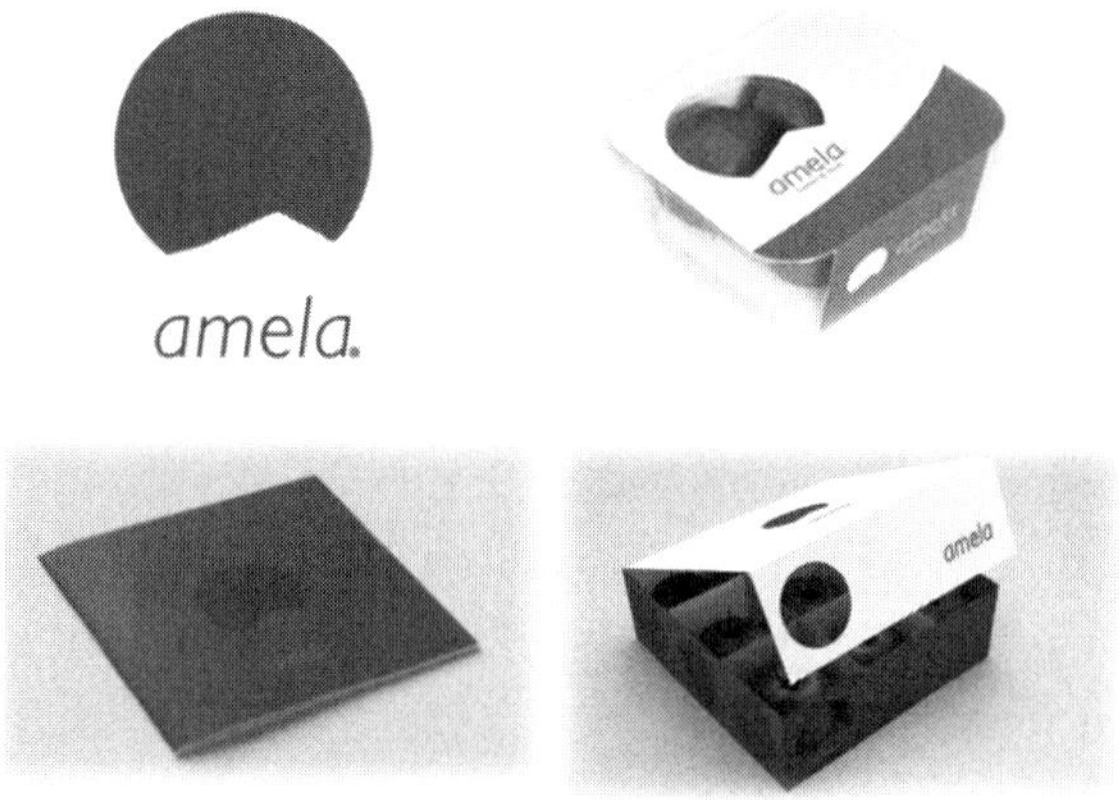

ブランド要素のハーモニーを重視

ブランド要素にとって大切な2つ目の条件「一貫性」とは、ハーモニーのあるブランド要素を、ブレずに継続することである。

コカ・コーラといえば、一貫して赤。スターバックスといえば、一貫して緑だ。昨年は青のポスター、今年は緑のポスター、来年は赤のポスターでは、買い手の心の中に明快なイメージをつくることはできない。

強いブランドは、ある意味ワンパターンだ。繰り返すことで、買い手の心の中にイメージが形成される。ブランドづくりにおいては、ワンパターンを恐れてはいけない。

世界に通用する「スローガン」をつくろう

スローガンは、ブランドアイデンティティを、消費者に伝わりやすいように、シンプルでインパクトのあるフレーズに凝縮したものである。

次のナイキ、アップルのスローガンは聞いたことがある人も多いだろう。いずれも世界ブランドを代表する名スローガンだ。

Just Do It.（ナイキ）
Think different.（アップル）

優れたスローガンには、次のような特徴がある。

- **ブランドらしさがある**
- **情緒に訴求する**
- **シンプルな言葉**

●何かしらのイメージが浮かぶ

アメーラのスローガン

アメーラがヨーロッパのブランドづくりに利用しているスローガンは、次の通りである。

Sweet & Rich

このスローガンは、アメーラのブランドアイデンティティ「最高品質の高糖度トマトでおいしさの感動をお届けします」を短い言葉に凝縮したものだ。

ためしに、「Sweet & Rich」と口に出してほしい。2秒以内で一気に言えるはずだ。「Just Do It.」「Think different.」も同様だ。強いスローガンの大部分は、この「一気に2秒ルール」があてはまるシンプルなフレーズが多い。

アメーラのスローガンは、機能と情緒のバランスも意識している。「スイート（sweet）」

図表12-4　インターネット上で利用されている言語（%）

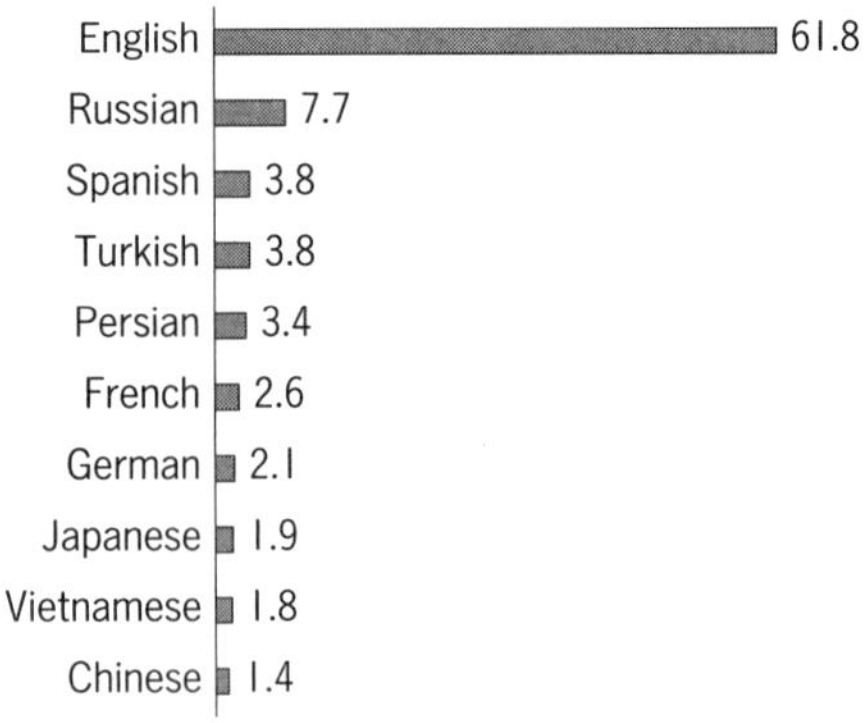

（注）上位10言語を表示
（出所）W3Techs.com, 29 July 2021

という言葉には、「甘さ（高糖度）」という機能的意味だけでなく、「優しい」「おいしい」「愛らしい」といった情緒的意味もある。「リッチ（rich）」という言葉も同様だ。「濃い」「コクがある」という機能的意味だけではない。「高級」「ぜいたく」といった情緒的意味を含んでいる。

ヨーロッパには、英語以外にドイツ語などのゲルマン系言語、フランス語やスペイン語やイタリア語などのラテン系言語、この他にもさまざまな言語があるが、アメーラのスローガンには、英語を利用している。図表12－4に示した通り、インターネット上で利用される言語は、6割以上が英語だ。スペイン語は3・8％、日本語はわずか1・9％である。

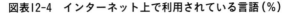

スローガンに利用する英単語は、中学生レベルのシンプルなものが良い。「Sweet」「Rich」は、中学生でも理解できるはずだ。

実は、アメーラのスローガンの当初案は、「The essence.」であった。だが、「エッセンス（本質）」と聞いてもイメージが浮かばない。買い手の頭に何かしらのイメージが浮かばないスローガンは、自己満足になりかねない。イメージが浮かばなければ、買い手の心は動かない。

スペインのパートナー、ラパルマのマーケティングチームに上記を伝えたところ、同意見だった。「The essence.」は不採用とし、「Sweet & Rich」を採用することにした。

The essence.　（イメージが浮かびにくい：不採用）
↓
Sweet & Rich　（イメージが浮かぶ：採用）

世界に通用する「ロゴ」をつくろう

言語が異なる海外において、視覚は世界共通の情報伝達手段だ。視覚による非言語コミユニケーションである「ロゴ」の役割は極めて大きい。ロゴは、海外の消費者が商品を買うときの目印となる。印象的なロゴがあれば、言葉はいらない。

ここでは、ロゴのポイントについてみていこう。

まず、気をつけるべきは、ブランドアイデンティティが定義されていないにもかかわらず、「まずは、ロゴから作成しよう」といったケースだ。

中小企業の経営相談窓口に、ブランドづくりの相談に行ったら、「ロゴやパッケージのデザインを刷新して、ブランド化しましょう」「まず、ロゴをつくりましょう」と提案されたといった話をよく聞く。「ロゴをつくること」をブランドづくりだと考えている人もいるが、それは勘違いだ。

ロゴは、単なる識別のためのマークではない。ブランドの象徴であり、ブランドのありたい姿や、ブランドの独自性を形にしたものである。

図表12-5　世界で有名な「ロゴマーク」と聞いて思い浮かぶのは、「　　　　　　」である。

日本人

順位	キーワード	出現頻度
1	アップル	167
2	ナイキ	107
3	トヨタ	93
4	コカ・コーラ	70
5	マクドナルド	63

（出所）全国消費者1000人調査（2021年）

アメリカ人

順位	キーワード	出現頻度
1	NIKE	120
2	McDonald's	41
3	Apple	21
4	Coca-Cola	18
5	amazon	10

（出所）アメリカ500人調査（2021年）

世界を代表するロゴは何か

あなたは、次の文の空欄に、どのような言葉を入れるだろうか。

世界で有名な「ロゴマーク」と聞いて思い浮かぶのは、「　　　　　　」である。

日本とアメリカの消費者に聞いてみた。回答は、図表12－5に示した通りだ。驚くことに、上位5ブランド中4ブランドが日米で共通している。アップル、ナイキ、マクドナルド、コカ・コーラだ。ロゴマークには国境がないことが、この結果からもうかがわれるだろう。

ここでナイキ、アップル、マクドナルド、コカ・

図表12-6　強いロゴをもつ世界ブランド

コーラのロゴをイメージしてほしい。

おそらく、大部分の人の頭の中には、画像が浮かんできたのではないだろうか。

強い世界ブランドは、強いロゴをもっているということだ（図表12－6）。

ナイキのスウッシュ（swoosh）と呼ばれるロゴ。勝利の女神「ニケ」の翼をモチーフにしている。勝利にこだわるスポーツブランドとして、ふさわしいロゴだ。

このロゴは、ポートランド州立大学でグラフィックデザインを学んでいた女子学生キャロライン・デヴィッドソンが、共同創業者フィル・ナイトの依頼によって、わずか35ドルで作成したものである。当時の為替レートで換算すると、ほぼ1万円といったところだ。

マクドナルドのMのような形にも見える「ゴールデンアーチ」と呼ばれるロゴもシンプルだ。一見しただけで、記憶に残る。

図表12-7　学生が好きなロゴとその理由

好きなロゴ

順位	キーワード	出現頻度
1	NIKE	16
2	Apple	15
3	amazon	6
4	Starbucks	5
4	adidas	5

（注）上位5ブランドを表示
（出所）静岡県立大学の学生107名（2021年）

なぜそのロゴが好きなのか

順位	キーワード	出現頻度
1	シンプル・わかりやすい	53
2	デザイン	23
3	かわいい	21
4	かっこいい	16
5	おしゃれ	13

（注）上位5ワードを表示

アップルの右上がかじられたリンゴのマークもシンプルで、個性的で、印象深い。コカ・コーラの赤色のロゴは、知らない人はいないだろう。一目見れば、コカ・コーラとわかる。

いずれのロゴも個性があり、頭にイメージが浮かびやすい（図表12－6）。

筆者の講義を受講する大学生にも、「好きなロゴ」と「なぜそのロゴが好きなのか」を聞いてみた。

結果は、図表12－7に示したとおりだ。

好きなロゴは、ナイキとアップルが突出している。先にみた日本とアメリカの調査とも一致する結果だ。

そのロゴを好きな理由を聞いたところ、出現頻度が圧倒的に多い単語は「シンプル・わかりやすい」である。以下、「デザイン」「かわいい」「かっこいい」「おしゃれ」と続く。

魅力的な世界ブランドのロゴは、シンプルなデザインで買い手の心に訴えているということだ。

ナイキとアップルのロゴについて、なぜそのロゴを好きなのか、具体的なコメントをいくつかピックアップしよう。

ナイキのロゴが好きな理由

「力強さや躍動感を感じられる」
「シンプルでわかりやすいし、記憶に残りやすい。書いてみてと言われてもすぐに書ける」
「シンプルでカッコいい」
「シンプルでかわいい」

アップルのロゴが好きな理由

「スマホなどから見えるシルエットがオシャレに見える」
「リンゴをかじったようなロゴがかわいいから。お洒落な雰囲気もある」

「派手すぎないシンプルでオシャレなデザイン」
「かわいいし、このマークが付いているとＡｐｐｌｅの製品だとひと目でわかる」

良いロゴの条件

ロゴに欠かせない条件は、まずは、ブランドアイデンティティを反映していて、独自性があることである。次に、シンプルであることや、「おしゃれ」「かわいい」「かっこいい」「センスがある」など情緒に訴えることも重要だろう。

遠くから見ても一目で認識できることや、名刺サイズに縮小しても識別できることも大切だ。

時代を超えて通用する飽きないデザインも重要な条件である。流行を追ったデザインや、奇をてらったデザインは、陳腐化しやすく、飽きられやすい。

【良いロゴの条件】
- ブランドアイデンティティを反映している
- シンプル

- ●情緒に訴える
- ●独自性がある
- ●一目でみて分かる
- ●縮小しても識別できる
- ●飽きないデザイン
- ●時代を超えて通用する

アメーラのロゴ（日本）の場合

日本で利用しているロゴは、「アメーラ」というカタカナを個性的なフォントで表示したものである（図表12－８）。国内でのアメーラのブランドづくりにおけるアイコンになっている。

台湾、香港などアジアでは、日本の文字は、「日本製＝高品質」を暗示して、ブランドづくりにプラスに作用することがある。事実、アジア地域の店頭では、日本と同じロゴ・パッケージのアメーラが売られている。

図表12-8　アメーラのロゴ（日本）

一方、ヨーロッパでは、「日本の文字＝高品質」とはならない。とくにカタカナは、日本語と認識されることは、ほぼない。欧米の人が、カタカナをみると、アルファベットや不思議な記号にみえるようだ。

スペインのメンバーにロゴを見てもらったところ、「ア」は「P」、「メ」は「X」に見えることが分かった。「PX－ラ」では、買い手を混乱させてしまうかもしれない。

そこで、ヨーロッパ進出にあたっては、新たにロゴを作成することとした。ヨーロッパのロゴには、アメーラの海外ブランド戦略に整合するよう、次の要素を考慮して作成している。

- **日本発のトマトであることを示唆する**
- **日本とスペインのコラボレーションを示唆する**
- **最高品質のトマトを示唆する**
- **シンプルである**
- **日本のロゴと共通な色**

ヨーロッパのロゴはいかにつくられたか

ここでは、ヨーロッパのアメーラのロゴができあがるプロセスと、ロゴに込められた想いをみてみよう。

まず、図表12－９の左の写真を見てほしい。

この写真の赤色の丸は、トマトの赤でもあり、日本国旗の「日の丸」でもある。アメーラが日本発のトマトであることを示す。日本の国旗は、世界一シンプルだ。日の丸は、アメーラのブランド戦略の軸である「引き算の発想」も表現している。

アメーラが生まれた静岡県には、日本一高い富士山がある。富士山の頂は、アメーラが品質の頂点を目指すことを示している。

次に、図表12－９の右の写真を見てみよう。

中心の赤い太陽は、情熱と太陽の国「スペイン」のアイコンだ。日本人がスペインのトマトと聞いて思い浮かべるイメージは、「真っ赤」「太陽」である（図表12－10）。

アメーラを生産するスペインのグラナダ県には、シエラネバダ山脈の３３００ｍを超え

図表12-9　ヨーロッパのアメーラロゴの誕生プロセス

日の丸と富士山（日本）

真っ赤な太陽とベレッタ山（スペイン）

るベレッタ山がある。シエラネバダ山脈からの伏流水で、アメーラはつくられている。富士山同様、ベレッタ山の頂は、アメーラが最高品質（頂点）を追求し続けることを表現している。

日本とスペインの連携を示す「赤い丸」から、両国を象徴する山の「頂」を引き算したデザイン。それがアメーラのヨーロッパのロゴだ（図表12－11）。

図表12-10　スペイン産のトマトと聞いて、思い浮かぶイメージ

順位	キーワード	出現頻度
1	真っ赤	78
2	太陽	67
3	赤	58
4	甘い	57
4	美味しい	57
6	祭り	52
7	濃い	47
8	酸味	44
9	酸っぱい	31
10	濃厚	19

（出所）東京都の女性1000人（2018年）

図表12-11　アメーラのロゴ（ヨーロッパ）

赤の丸から、山頂を切り取ったデザインは、アメーラのブランドづくりの軸である〝引き算〟の発想も示唆している。

このロゴは白地に赤で、とてもシンプルかつ個性的だ。誰にでも書けるだろう。記憶にも残りやすい。海外の消費者がリピート購入するときの目安になる。

ロゴは、名刺や小さなシールなどにも利用されるが、このデザインであれば、縮小しても識別可能だ。

世界に通用する「パッケージ」をつくろう

パッケージは、単に、商品を包む容器や包装ではない。ブランドアイデンティティと品質を「視覚化」「有形化」したものである。

おいしさは目には見えない。我々は、食べてから見るのではなく、見てから食べる。パッケージは、味にも影響する。

アメーラのパッケージデザインは、「引き算の発想」でつくられている。パッケージ作成にあたってのキーワードは、シンプル、洗練、独自性である。

パッケージには、ロゴ、ブランド名、スローガンをシンプルに入れ込んでいる。利用している色は、赤と白のみ。日本国旗と同じだ。白の面積をあえて大きくして、余白の力を生み出している。日本発のトマトであることを示唆するデザインである。

シンプルなデザインゆえに、遠くからも認識しやすい。市場で、他のトマトのパッケージと並んでいても、圧倒的に目立つ。

アメーラブランドのシンボルカラーは赤であるが、赤といっても、いろいろな赤がある。赤色にはこだわり、日本のパッケージと同じ「赤色（アメーラ・レッド）」をスペインでも利用してもらうようにした。

パッケージの現地化

流通の仕組みや小売店のスタイルは、国によって異なる。パッケージは「現地化」が必要だ。アメーラのヨーロッパでのパッケージは、基本的なコンセプトは日本と同様であるが、デザイン、サイズ、形状などで現地化を行っている。

アメーラのパッケージ例（1キログラム用）

①　「サイズ」

日本のパッケージは、１キログラム・ボックスのみである。一方、ヨーロッパでは現地の流通業者のニーズ、多様な利用シーンに対応して、１６０グラム、２８０グラム、３５０グラム、１キログラム、２・４キログラムの５種類のボックスを利用している（図表12－12）。いずれも環境にやさしい素材を利用したパッケージだ。

②　「中身が見える」

「中身が見えることが、ヨーロッパでは大事である。」（ラパルマ）

日本のパッケージは中身が見えないが、ヨーロッパでは現地の流通業者、消費者のニーズに合わせて、穴を開け、中身が見えるパッケージを採用

図表12-12　ヨーロッパでは5種類のパッケージをラインナップ

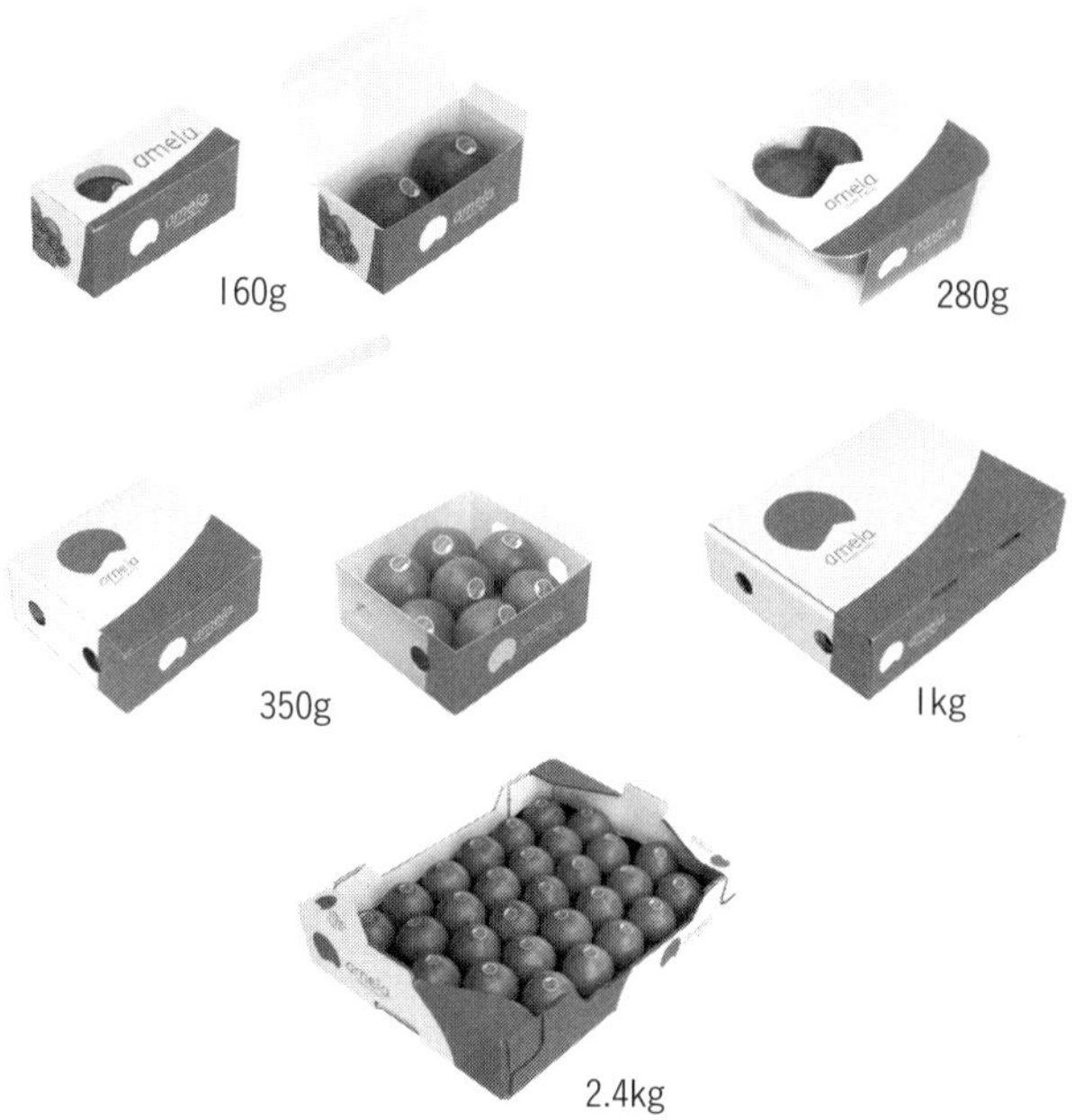

している。

③「バラ売りへの対応」

ヨーロッパの小売店では、日本と異なり、トマトが一個一個、バラ売りされることが多い。

バラ売りであっても、ブランドの訴求は不可欠だ。

バラ売りに対応するため、トマトに貼る小さなロゴのシールを作成している。シールを見ただけで、アメーラとわかることが大切だ。

バラ売りのアメーラに貼るシール

ブランドづくりは音楽に似ている

本章では、感性に訴えるブランドづくりについて検討をした。筆者は音楽が大好きで、今も、お気に入りの音楽をＢＧＭに原稿を書いているが、ブランドづくりと音楽は、とても似ている。

ここで、ブランドづくりと音楽の共通点をいくつかあげてみよう。本書で、ここまで検討したブランドづくりのポイントの再確認にもなるはずだ。

第一は、音楽もブランドも、「国境がない」ということである。モーツァルトも、ビートルズも、アップルも、ナイキも、国境を越えて、世界中で愛されている。ブランドづくりの舞台は、世界に広がっている。

第二は、「感情に訴える」ということだ。魅力的な音楽は、人々の頭に響くのではなく、心に響く。強いブランドは人々の感情に訴求する。

第三は、「ハーモニーが大切」だということである。人を引きつけるブランドには、パッケージ、ロゴ、Ｗｅｂサイトなど、音楽のようにきれいなハーモニーがある。

第四は、「繰り返しが大切」だということだ。人は、繰り返しが含まれていない音楽から喜びを得ることができない。強いブランドも同様だ。一貫したイメージを繰り返し発信している。ある意味ワンパターンだ。繰り返しがないと、人々の心の中に明快なブランドイメージをつくることができない。

第五は、「主題が大切」だということである。音楽には主題となる旋律があり、ブランドには軸となるアイデンティティが欠かせない。アイデンティティがない商品や企業は、強いブランドにはならない。

第六は、「メリハリ」が大切だということだ。サビしかない音楽に魅力を感じる人は少ないだろう。人を引きつける音楽は、曲想が変化する聞かせどころや、盛り上がるフレーズが含まれている。強いブランドにも、どこかに尖りがある。そのブランドらしさを生み出すために、力を入れるべきことが明確だ。メリハリがないブランドは、人の心に刺さることはない。

ブランドづくりは、「壮大な作品づくり」でもある。音楽などアートから学ぶことがたくさんあるはずだ。

第13章 世界で通用するブランドネームをつくる

強いブランドは名前が良い

「名前は、ブランドづくりにおける最強の武器であり財産である」

このように言われることがあるが、本当に、ネーミングはブランド力に影響を及ぼしているのだろうか。ここでは、海外4か国の消費者データを利用して、ネーミングの魅力とブランド力の関係を分析してみよう。

結果は、図表13－1に示した通りである。

いずれの国においても、グラフの折れ線が、きれいな右肩上がりであることからも明らかなとおり、「ネーミングの魅力」と「ブランド力」には極めて高い関連がみられる。

図表13-1　ネーミングの魅力度とブランド力の関係

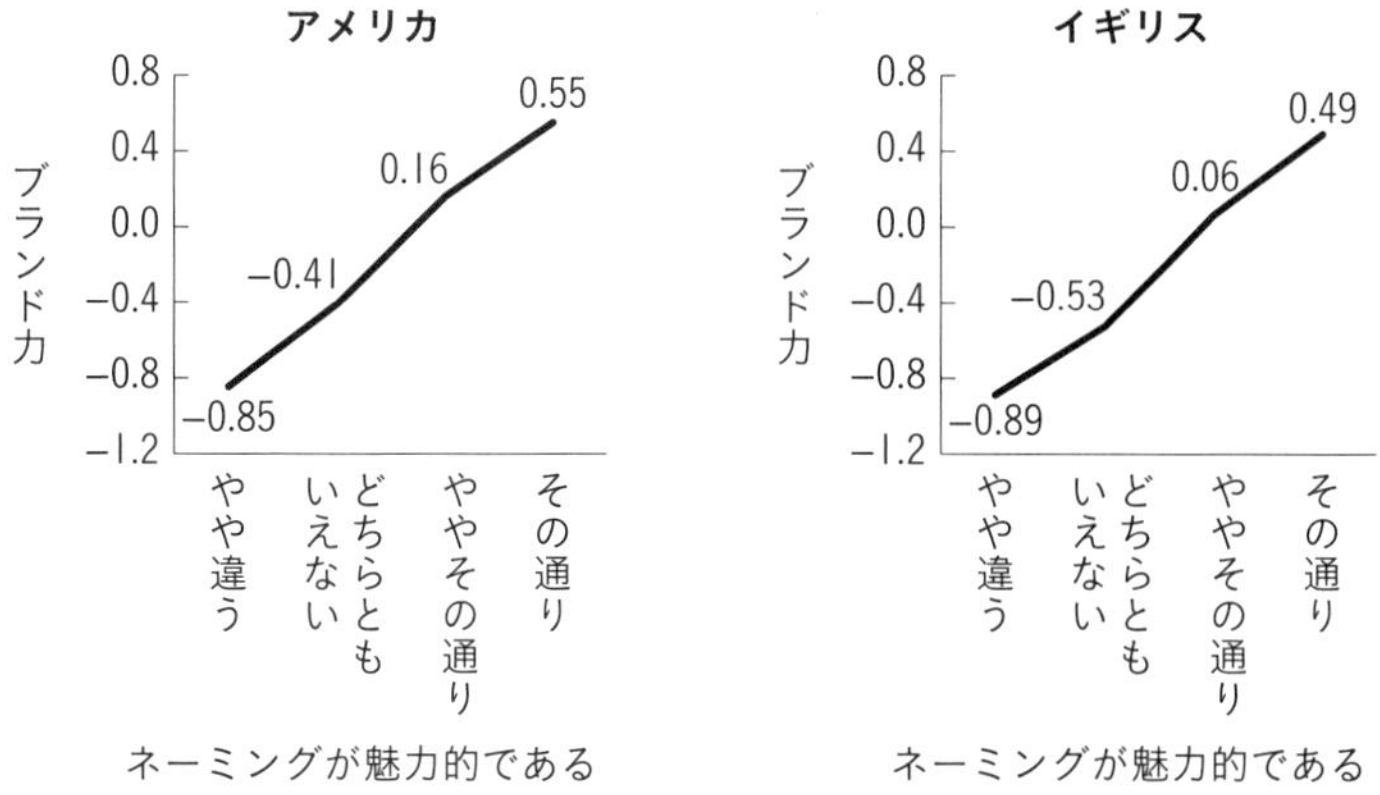

（注）数字は、ブランド力の因子のスコア（平均値0、分散1）
横軸の「違う」は回答者が10人未満のため分析から除外

（出所）アメリカ500人調査（2020年）　（出所）イギリス500人調査（2020年）

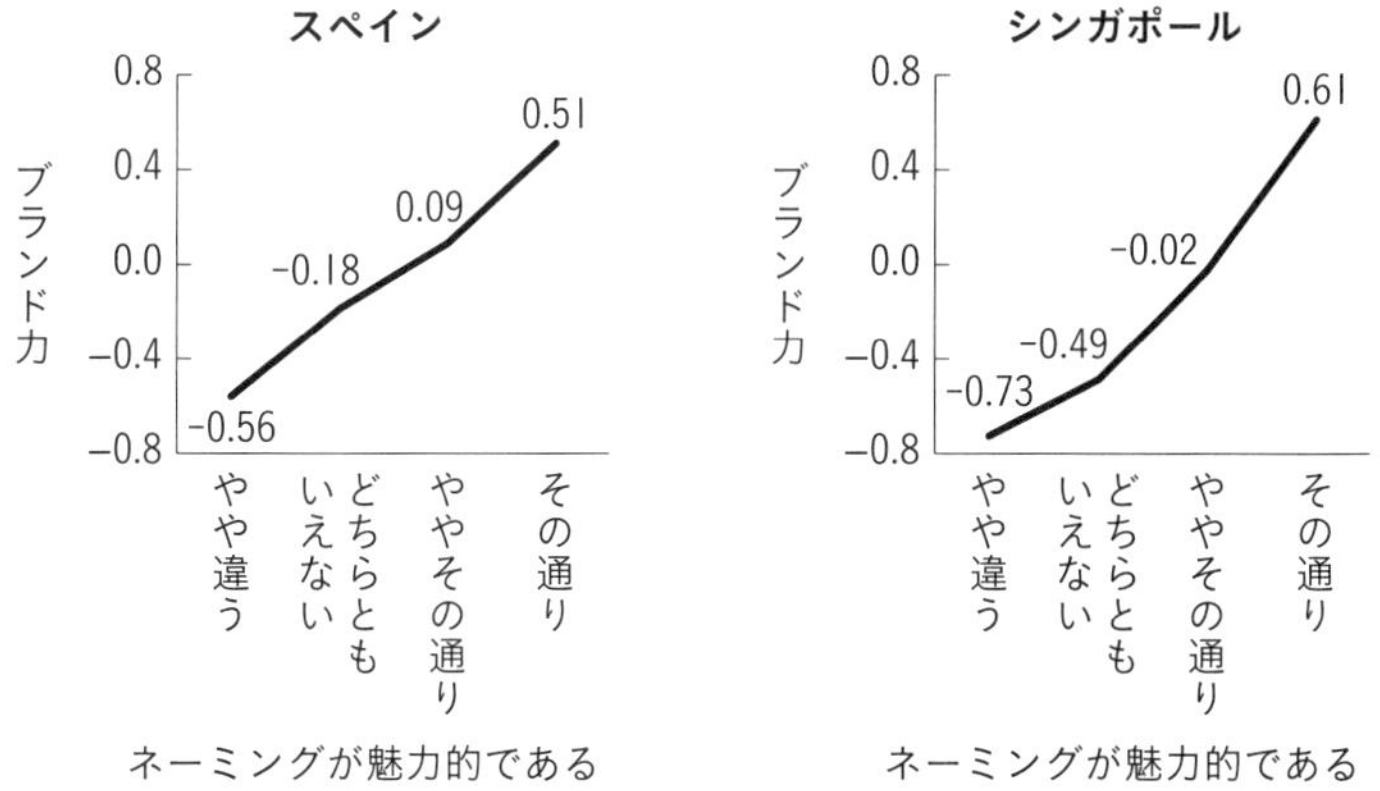

（出所）スペイン500人調査（2021年）　（出所）シンガポール500人調査（2020年）

すなわち、ネーミングが魅力的な商品ほど、ブランド力が強いことが明らかだ。逆にいうと、名前が悪ければ、ブランドづくりに苦戦する可能性が高いということになる。名前がブランドづくりにおける最強の武器であることは、間違いない。

海外進出前にブランド名を調査しよう

ミラノ万博後、アメーラの欧州進出を決めてから、最初に力を入れたのは「ブランド名」の調査だ。

ヨーロッパ各国の人々が、「アメーラ（amela）」という名前を聞いて、どのような印象を持つのだろうか。覚えやすいのか。発音しやすいのか。高品質トマトの名称としてふさわしいのか。独自性があり、商標登録が可能なのか。

もしも、ブランド名が、進出国の消費者にネガティブなイメージを想起させたり、現地のタブーに抵触するようなときには、ネーミングの変更を検討することが必要になる。国によって名前を変えなければならないとすると、それは、世界ブランドの名前としてはふさわしくない。

ベルリンやマドリードなどの国際展示会では、世界各国からの参加者に対して、「アメーラ」というネーミングについて調査するようにした。

質問：「アメーラ」と聞くとどのようなイメージが浮かびますか？

各国の回答を例示しよう。

アメリカ人　「音感良い。言いやすい。スペイン語っぽい」
イギリス人　「温かいイメージ」「イタリアっぽい、美しい響き、優しいイメージ」
イタリア人　「甘いリンゴのよう」
スウェーデン人「女性のようなイメージ」
スペイン人　「スペインのカタルーニャ語で〝甘くなる〟の意味」
フィンランド人「スペイン人の女性の名前のよう」
フランス人　「ネーミングは良い。aで終わっているので、女性のイメージがある」
ベルギー人　「歌の名前のよう」
ラトビア人　「名前のサウンドが良い」

いずれの国の人も、良いイメージを持つことがわかった。各国の人々が描くイメージは、アメーラの特徴とも調和している。

これらの結果にもとづいて、現地生産開始前の２０１７年、スペインで開催したサンファーマーズとラパルマとのブランド会議で「アメーラ（amela）」というブランド名をヨーロッパでも統一して使用することに決めた。

日本人に対しても、アメーラというブランド名のイメージ調査を定期的に行っている。日本の人々がアメーラと聞いたときにイメージする言葉で圧倒的に多いのは、「甘い」「甘み」だ。他には、「おしゃれな響き」「海外のブランドのよう」「外国産」「イタリアのイメージ」「スペインのトマトのよう」といった回答もある。

スペインの進出を決める前から、アメーラのネーミングに「スペインのトマトのよう」というイメージがあったのは印象的である。ちなみに、アメーラというブランド名の由来は、静岡の方言「あめーら」（甘いでしょ）という意味だ。

トマトをつくるのではなく、アメーラをつくる

名前はブランドの命だ。大切にしなくてはならない。強いブランドをつくりたいのであれば、いくら売れるとしても、下請けとなって、他社のブランドネームで売ることは避けたほうがよいだろう。

ヨーロッパでアメーラの出荷を開始して間もなく、スイスを代表する流通業者「コープ・スイス」から、次のようなオファーがあった。

「アメーラを当社のプライベートブランド『FINE FOOD』で売りたい」

コープ・スイスは、スイスの2大小売業のひとつだ。スイスで知らない人はいない。

「私たちとしては、これからまさにアメーラのブランディングを始める時だというのに、スーパーのブランドが全面に出たパッケージで出荷するのは、お断りをするつもりでおります」

（稲吉洸太　サンファーム・イベリカ社長）

サンファーマーズは、単に「トマトという農産物」を生産するためにヨーロッパに進出したわけではない。「アメーラというブランド」をつくりに行ったのである。このオファーはお断りした。

ヨーロッパで行うのは、単なるモノづくりではなく、ブランドづくりだ。下請け生産者にはならない。

再度、コープ・スイスから提案があったのは、アメーラの名称は利用しているものの、デザイン、色、フォントが、アメーラのブランドイメージと大きく異なるパッケージデザインであった。

「アメーラが主役にならないパッケージデザインについては、〝サンファーマーズのブランド管理上できない〞と、妥協せずに伝えるつもりです」

（稲吉洸太　サンファーム・イベリカ社長）

コープ・スイスには、アメーラのヨーロッパでのブランド戦略を説明し、理解を得た。

今、コープ・スイスで売られるアメーラは、アメーラのブランド名とロゴを入れたパッケージだ。

世界ブランドは名前を大切にする

ここで、ソニーの創業者の井深大とホンダの創業者の本田宗一郎の対談を紹介しよう（井深大『わが友 本田宗一郎』）。

世界ブランドをつくるために、いかにブランド名が重要なのかがわかるはずだ。

「うちの副社長の藤沢（注：藤沢武夫）がかねがねいっているが、世界へ進出するには自分のブランドというものを大事にしなければいけない。これが第一の条件だということをいっている。われわれでもアメリカの商事会社からバイヤーブランドで何万台買いたいといった注文があった。本当はのどから手が出るほど受けたかったが、我慢した。（中略）。この努力が世界にＨＯＮＤＡのブランドを確立したゆえんで大成功だったね」（本田宗一郎）

「全く同じだ。アメリカの時計会社からトランジスタラジオを扱いたいといって十万台を半金払い、彼らのブランドをつける条件で発注してきた。米国にいた盛田君（注：共同創業者盛田昭夫）からテレックスが入って下請け仕事は断った、という。当時は月産五千台程度だったから触手が動きましたがね」（井深大）

ホンダ、ソニーが世界のブランドになったのは、創業時から、「自社ブランドを大切にしよう」というプライドがあったからだろう。

当時、ソニーの共同創業者盛田昭夫は、井深にこう語っている（森健二『ソニー 盛田昭夫』）。

「井深さん、僕は向こうの商標をつけるべきではないと思う。そのためにわれわれはSONYというネーミングを考えたはず。われわれは自社の製品を自社の名前で売って、世界に名をあげようじゃないですか」

良いネーミングの条件とは

どのような名前が、世界で通用するブランド名として、良い名前なのだろうか。

ここでは、海外でも通用する良いネーミングの条件をみていこう。

① 短く、覚えやすい

強いブランドには、カタカナにして4、5文字以内の名前が多い。ネーミングがシンプルであれば、消費者の記憶にも残りやすい。ブランドは「買い手の心の中にある」。名前の覚えやすさは、強いブランドになるための重要な条件だ。

たとえば、

「アップル、ナイキ、コカ・コーラ、ペプシ、アディダス、アマゾン、グッチ、エルメス、プラダ、シャネル、ロレックス、グーグル、テスラ、ポルシェ、サムスン、イケア、ゴディバ、ネスレ、レゴ」

など、強い世界ブランドは、カタカナで4、5文字以内だ。

日本発の世界ブランドも同様の傾向にある。

「ソニー、トヨタ、ホンダ、ユニクロ、レクサス、キヤノン……」

どれも、4文字以内だ。

もちろん、4、5文字はあくまで目安である。6文字以上でも、良い名前はある。たとえば、マクドナルドも、スターバックスも良い名前だろう。両社の創業者は共にネーミングを重視していた。

「マクドナルドという名前は独特の響きがあったので、格好な宣伝材料になると思っていた」
「マクドナルドという名前は当たるという直感があった。名前はさすがにコピーできない」

（マクドナルド創業者　レイ・クロック）

「スターバックスという名前には魔法のような力が秘められている。好奇心を駆り立てる名前だ」

（スターバックス創業者　ハワード・シュルツ）

ブランド名が長い場合には、シンプルな「愛称」で呼んでもらうことも有効だ。日本では、マクドナルドは「マック」や「マクド」、スターバックスは「スタバ」の愛称で呼ばれ、消費者の口コミが広がっている。

② 発音しやすく、聞きやすい

強いブランドは、口コミで生まれることが多い。発音しやすければ、消費者の口コミにのりやすい。

発音が難しい名前や、国によって発音が違う名前は、世界に広がるブランド名としては、不利である。

海外でブランドづくりをするときには、事前に現地の人がそのブランド名を発音しやすいか、どのように発音するかを確認することが必要だ。アメーラのブランドづくりでも、amelaという名前が発音しやすいことや、ヨーロッパ各国で同じように発音されることを確認している。

発音のしやすさを確認するためには、「早口で5回スムーズに言えるか」を実験してみると良い。

ためしに、次のブランド名を、早口で5回繰り返してみよう。

「ソニー、ソニー、ソニー、ソニー、ソニー」

「ナイキ」×早口5回

「アップル」×早口５回
「ユニクロ」×早口５回

おそらく、多くの人は、詰まらずに早口で5回言えたはずだ。
では、次はどうだろうか。

「東京通信工業」×早口5回
「イル・ジョルナーレ」×早口5回
「ユニーク・クロージング・ウエアハウス」×早口5回

多くの人は、途中で詰まってしまったのではないか。もしくは、途中からスピードダウンしてしまったのではないだろうか。実際に、各国の人々に早口で5回繰り返してもらうと、大抵の人は途中で詰まってしまう。
「東京通信工業」はソニーの創業時の名前。「イル・ジョルナーレ」はスターバックスの創業時の名前。「ユニーク・クロージング・ウエアハウス」はユニクロの創業時の名前だ。ソニーも、スターバックスも、ユニクロも、創業時の名前のままであったら、今のような強力なグローバルブランドにならなかったかもしれない。少なくとも、ブランドづくりに苦戦したはずだ。

　海外で勝負するブランド名を考える場合は、早口5回ルールに当てはまらない名前は、避けたほうがよいかもしれない。


　ナイキ共同創業者フィル・ナイトが、スポーツシューズのブランドをスタートする時に提案したブランド名は、「ナイキ」ではない。「ディメンション・シックス」という名前だ。もしも、創業者のゴリ押しで、ディメンション・シックスという名前が採用されていたら、強いブランドになっただろうか。少なくとも、この名前は「早口5回ルール」は当てはまりそうにない。

　さらに、名前にシックスなどの数字が入っているグローバルブランドはほとんどない。インターブランド「Best Global Brands 2020」のブランドランキングの上位100社をみても、名前に数字が入っているブランドは存在しない。

「SONY」というブランド名は、日本が世界に誇るネーミングである。世界最高のブランド名といってもよいだろう。

既述のとおり、創業時からＳＯＮＹというブランド名だったわけではない。以下が、ＳＯＮＹというブランド名が生まれたプロセスである。ブランド名のシンプル化、個性化の重要性がわかるだろう。

Tokyo-Tsushin-Kogyo　東京通信工業
（長すぎる）
↓
Totsuko　東通工
（発音しにくい。発音が国によって異なる）
↓
TTK
（覚えにくい。個性がない。心に訴えない）
↓
sonny
（「損」を暗示してしまう。発音が国によって異なる。固有名詞ではない）
↓

SONY

（日本を代表する世界ブランド）

「はじめはＴＴＫという東通工の頭文字を使うことを考えた」「三文字の会社名がたくさんあって、今からＴＴＫを定着させるにはあまりに時間がかかるし、混乱もする。それに社名はできるだけ独創的なもので、人目につくようなものがいい」（盛田昭夫）

ブランド名のシンプル化に関して、ユニクロの柳井正社長も次のように語っている。

「気になっていたのは、店名が長いこと。思いが込められていても、顧客に覚えてもらえなければ仕方ない。（中略）若い人たちに受けるように縮めてもらった。それが「ユニ・クロ」だ。最初は「・」が入っていたが、何年かしてそれも外した」（柳井正）

ユニーク・クロージング・ウエアハウス

↓

ユニ・クロ

↓
ユニクロ

③ ブランドアイデンティティとの調和

ブランド名は、そのブランドのありたい姿、すなわち、ブランドアイデンティティを言語化したものである。ブランドアイデンティティと名前には、ハーモニーがあることが大切である。

たとえば、

- **高級なブランドであれば、高級感を感じる名前**
- **イノベーティブなブランドであれば、革新性を感じるような名前**
- **力強いブランドであれば、力強さを感じる名前**
- **かわいいブランドであれば、かわいい名前**
- **優しいイメージのブランドであれば、優しい名前**
- **子供に好かれたいブランドであれば、子供に好かれる名前**

である。

④　検索しやすい

今時の消費者は、気になるブランドがあったら、まず、検索エンジンやＳＮＳで検索する人が多い。

たとえば、アメーラがテレビに取り上げられると、テレビに出た瞬間にアメーラのＷｅｂサイトへのアクセスが急増する。ということは、多くの消費者は、テレビを見ながら、スマホやパソコンを操作しているということだ。いわゆる、「ダブルスクリーン視聴」である。

「ＳＯＮＹ」「ＮＩＫＥ」などスペリングが比較的簡単で、シンプルなブランド名は、検索されやすい。また、固有名詞のブランド名は、検索結果の上位に表示されやすい。

⑤　悪い意味がない

海外展開にあたっては、事前に現地で調査を行い、そのブランド名に悪い意味はないか、悪いイメージを連想しないかなどを確認することが不可欠である。

日本人にとって良い名前であっても、海外では悪い意味を持っているケースや、音感から悪いイメージを連想してしまうケースもあるので要注意だ。

たとえば、モスバーガー（Mos Burger）のモスという音感は、英語圏の人々は、苔（moss）を連想してしまう。モスバーガーの海外展開は、英語圏は少なく、台湾・タイ・香港・中国などアジアが中心だ。

ポカリスエット（Pocari Sweat）のsweat の音感は汗を連想してしまう。アメリカなどの英語圏では、ポカリスエットというブランド名に違和感をもつ消費者もいる。

カルピス（Calpis）の音感は、英語圏では、牛（cow）のおしっこ（piss）を連想してしまう人がいる。アメリカの商品名は、カルピスではなく、カルピコ（CALPICO）だ。

⑥ 独自性がある

ブランド名には、独自性が欠かせない。一般名詞の組み合わせや、一般的な形容詞と一般名詞の組み合わせは、個性が表現しにくい。ネット検索でも、他の商品に埋もれてしまう。

ブランド名は、固有名詞であることや、同分野や類似分野に同じ名称の既存ブランドがなく、進出国で商標登録ができることも大切な条件だ。

実は「アメーラ」の当初案は、「スタートマト」という名前だった。「スター（星）」と「トマト」という一般名詞の組み合わせだと、独自性が生まれにくい。ネットで検索したときには、星の数ほどの検索結果が表示されてしまい、他の商品と区別することが難しくなる。

独自性を出しにくいブランド名の典型例として、「アルファベット3文字」のブランド名がある。このタイプのブランド名は、世界中に数えきれないほどあるため、埋もれてしまいやすい。

事実、アルファベット3文字で強い世界ブランドは、極めて少ない。多くの人が思い浮かべる世界ブランドは、「ＩＢＭ」と「ＢＭＷ」くらいだろう。両社とも20世紀初頭に設立された、各分野において国を代表する大企業であり、特殊な例である。

日本にも、アルファベット3文字の名称は、ＮＨＫ、ＮＴＴなど国を代表する企業から、中小企業までたくさんあるが、これらの名称が消費者の好きなブランドとしてあがってくることは少ない。アルファベットの組み合わせは、ブランド名というよりも、「識別記号」に近く、感性に訴えにくいからだ。アルファベットを組み合わせた名前を聞いて、ワクワク感を覚える人、心が動く人がどれだけいるだろうか。

大企業であれば、こういったタイプの名称であっても、大量の広告投資で知名度を高めることができるかもしれないが、ブランド力を高めることは難しい。

嘘のような本当の話を紹介しよう。次の2つは、あるコンサルティング会社から、日本茶業界に対して、日本茶の世界展開のためのブランド名として、かつて提案されたものである。

提案1　ＪＴＢ（Japanese Tea Brand の頭文字とのこと）

これを聞いた日本人のほぼ１００％は、旅行会社をイメージするだろう。海外の人々も、Japanese Tea Brand の頭文字だとは理解しないはずだ。世界でアルファベット3文字は埋もれてしまう。

提案2　ＧＴＪ（Green Tea of Japan の頭文字とのこと）

ためしに、ＧＴＪと口に出してみよう。「ジー・ティー・ジェイ」。これほど発音しにくく、これほど聞きとりにくい名前があるだろうか。

両案ともボツになったはずだ。

もしも「アメーラトマト」が、「ＡＭＬトマト」というブランド名だったとしたら、国境を越えたブランドづくりはうまくいくだろうか。

第14章 ブランドには「守り」も必要

ブランドづくりの「攻め」と「守り」

スポーツと同様、ブランドづくりにおいても、攻めと守りが共に重要である。攻めとは、ブランドの構築・強化だ。守りは、ブランドの防御である（図表14－1）。

ブランドにはオリジナリティが欠かせないが、オリジナルであるということは、一方で、他社が追随する可能性が高いということである。ブランド力が強くなるほど、真似をされる可能性は高くなる。

ブランドを確立するためには、ブランドを強化する方法とともに、ブランドを防御する方法も同時に考えていく必要がある。

「**真似をするのではなく、真似をされる。真似をされても、真似ができない**」。

図表14-1　ブランドづくりの「攻め」と「守り」

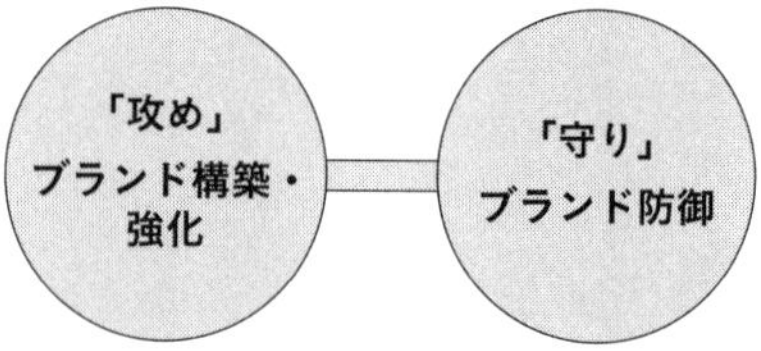

これが「強いブランド」だ。

では、どうすれば、真似をされない強いブランドができるのだろうか。

ハードルが高い＝真似されにくい

そもそも、みんなが「うまくいく」と思う市場では、ブランドはできない。多くの企業が参入し、競争が厳しくなり、最終的には価格競争になるからだ。価格競争に陥った時点で、その商品はブランドではない。

楽に参入できる市場についても、同様だ。もし成功をしたら、すぐに真似をされてしまう。リスクをとらずに、人と同じことをしても、強いブランドは生まれない。「楽あれば、ブランドなし」だ。

逆に、ハードルが高ければ高いほど、ブランドづくりにとっては有利になる。大変だから真似されにくい。大変だからこそ、追求する価値がある。

みんなが「難しい」と口にしたとすれば、そこにブランドづくりのチャンスがある。チャレンジする人がほとんどいないので、競争が少ない。小さな企業であっても、トップランナーになれる可能性がある。「苦あれば、ブランドあり」だ。

農産物の海外生産のハードル

ヨーロッパのアメーラはスペインで生産をしているが、農産物の海外生産は、輸出と違って非常にハードルが高い。甘い気持ちで、甘いトマトはできない。

日本とスペインのアンダルシア地方は、気候も違えば、水質もまったく違う。環境の違いを乗り越え、日本と同じく最高品質アメーラを生み出す、生産者の努力は生半可なものではない。

「気候の違いに戸惑いながらも、周りの人たちに助けられながらなんとかやっています。栽培はまだ課題が多いですが、解決できるように研究しなければならないと思っています」（三堂啓介　サンファーム・イベリカ取締役）」

図表14-2　日本とスペインの年間降水量比較

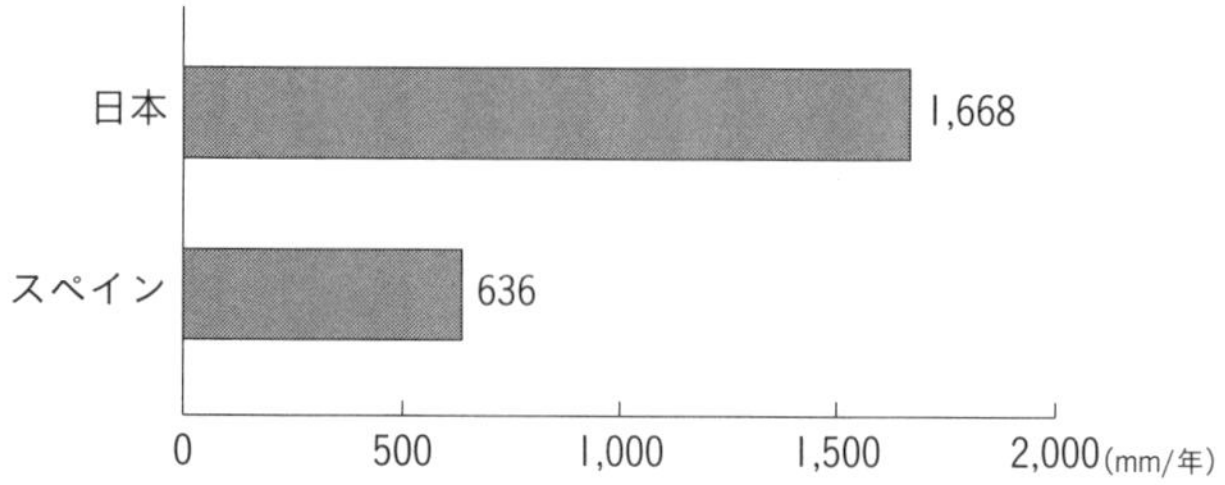

（出所）国連食糧農業機関（FAO）、2017年

日本は四季があり、梅雨もあれば、台風も来る。一方、スペインの地中海性気候は、年間をとおして安定している。晴天率が高く、雨はあまり降らない。スペインの降水量は、日本のほぼ3分の1だ（図表14－2）。

降水量が多い日本では、水が地下に滞留する時間が短いため、日本の水は、ミネラル分をあまり含まない軟水だ。一方、降水量が少ないスペインの地中海性沿岸の水は、ミネラル分を多く含む超硬水だ。水質の違いは、農産物の生産に大きな影響を及ぼす可能性がある。

気候が違うということは、そこにいる害虫の種類も違うということだ。

地中海性気候の安定や晴天率の高さは、一見、生産にとってプラスのようだが、そうでもない。成長スピードが早まるため、トマトに十分な糖度をのせることが難しくなる。

「一見毎日晴天でアメーラ作りに最適かと思いがちですが、実際に栽培してみないとわからないことばかりです。今年は、昨年の反省をいかし、問題の対策をしながら栽培していきます。反省と対策を繰り返し、結果を出したいと思っています」

（三堂啓介　サンファーム・イベリカ取締役）

スペインでも、日本と同様の厳しい糖度基準を設定し、品質には一切、妥協しない。アメーラとして出荷できる最高品質の高糖度トマトをつくるためには、極めて高い技術と創意工夫が必要だ。日々の試行錯誤と研究が、他社に簡単に追随を許さない、独自のノウハウを生み出すことになる。

ヨコ展開を脱しよう

「成功事例の視察に行こう」
「成功事例をヨコ展開しよう」

こういった話を聞くことが多いが、ブランドづくりにおいては、成功事例の「ヨコ展開」という発想はNGだ。ヨコ展開ができるということは、換言すれば、簡単に真似できるということだ。

「ヨコ展開」できる　↓　参入が容易　↓　競争激化　↓　低価格競争
「ヨコ展開」できない　↓　参入が困難　↓　競争が少ない　↓　ブランド化

第二のアップル、第二のナイキ、第二のルイ・ヴィトンを目指したとしても、先行ブランドには勝てない。強いブランドは、そのジャンルにおいては、オンリーワンであり、ナンバーワンだ。

強いブランドは、どこかの成功事例を視察して真似をしようという発想では、生まれない。

発想のスイッチを切り替えよう。

ブランドづくりでは、「どこに視察に行くのか」ではなく、「どうすれば、視察されるのか」を考えることが大切だ。

知財戦略でブランドを守る

ブランドの「守り」における有効な武器は、知的財産である。

近年、和牛や高級ブドウのシャインマスカット、イチゴの紅ほっぺなど、日本で開発された農畜産物のブランドが海外に流出する問題が生じている。無断で海外生産され、販売されてしまうと、長年のブランド化の努力が水の泡になってしまう。

ブランドの防御のためには、ブランドづくりのスタート時点から、知財戦略を構築することが欠かせない。農産物の知的財産としては、植物新品種、動物等の遺伝資源、生産技術・ノウハウ、商標・ブランドなどがある。これらを保護する法律が、種苗法、商標法、特許法、意匠法、不正競争防止法等だ。

これらを有効に組み合わせて、知財戦略を構築することが、ブランドを守るためには大切になる。

アメーラの知財戦略

アメーラは、品種ブランドではない。生産方法である。種や苗が海外に持ち出されたとしても、簡単に真似することはできない。

アメーラの知財戦略の軸は、ひとつは「営業秘密」（生産方法のブラックボックス化）であり、もうひとつが「商標権」である。この2つの知的財産の〝掛け算〟によって、ブランドと独自技術を守っている。

アメーラの知財戦略　＝　営業秘密（ブラックボックス）　×　商標権

特許か、ブラックボックスか

技術開発によって生まれたアイデアや発明を守ってくれる知的財産権が「特許権」である。特許権は技術情報が公開される点に特徴がある。

特許制度は、発明者に発明の独占を認める一方、その発明を公表して、それをヒントに新たな技術開発を促進する。公開された情報を基に、他者が、特許を侵害しない形で技術開発を行うことが可能だ。特許として認められなかった場合は、他者に技術を公開しただけとなってしまう。また、特許権の存続期間は20年と限られる。

模倣防止や差別化を図るために、あえて特許出願により技術を公開せず、「営業秘密(ブラックボックス化)」とすることも可能である。永続的に秘密にしておきたいノウハウには、ブラックボックス化が有効になる。

アメーラの知財戦略は、コアとなる技術の「ブラックボックス化」だ。高糖度トマトを生産する基礎技術は静岡県農業試験場で開発されたものであり、公開情報であるが、これまで培ってきた独自の生産技術・ノウハウや、生産マニュアルに関しては特許権として出願をせず、営業秘密としてブラックボックス化し、模倣を排除している。

スペインでは、サンファーム・イベリカとラパルマの間で秘密保持契約を締結し、生産技術・ノウハウを「営業秘密」として守っている。

商標権でブランドを守る

「商標というものは企業の生命《いのち》であって、万難を排して守るべきものだ」
（盛田昭夫 ソニー共同創業者）

商品やサービスに付けるマークやネーミングを財産として守るのが「商標権」という知的財産権だ。商標権は、更新を繰り返すことで、永続的に使用可能である。

「アメーラ」という商標は、もともと種苗会社が取得したものであるが、生産者によって構成されるサンファーマーズが専用使用権を有している。商標権を活用したブランド戦略の構築・活用から、権利侵害やクレーム対応まで、商標管理・運用はサンファーマーズが行う。

商標「アメーラ」は、農産物としてだけでなく、周辺の加工品などの複数の商品・サービス分類において登録している。商標登録は、日本のみならず、EU・アメリカ・中国など、世界各国で行い、「アメーラ」というブランド名のグローバルな権利化を行っている。

商標の無断使用など、商標権の侵害に対しては、迅速な対応が必要だ。

サンファーマーズには、弁護士、弁理士が社外ブレーンに入っているため、商標権の侵害に対しては、すぐに警告を行い、法的措置を行える体制を有している。

強いブランドをつくるためには、攻めと守りの両輪を、同時に回していくことが欠かせない。

第15章 世界ブランドは進化を続ける

現状維持は後退である

21世紀はこれまでになく、変化が激しく、不安定で、不透明な時代だ。現状維持は、後退を意味する。変化を避けることは、すなわちリスクとなる。

現状維持　＝　後退
変化を避ける　＝　リスク

図表15－1を見てほしい。コロナ禍の悪影響を受けにくかった企業に関する分析結果だ。進化を続けている企業のほうが、コロナ禍の悪影響が少ないことがデータからも明ら

図表15-1　進化を続けている企業ほど、コロナ禍の悪影響は少ない

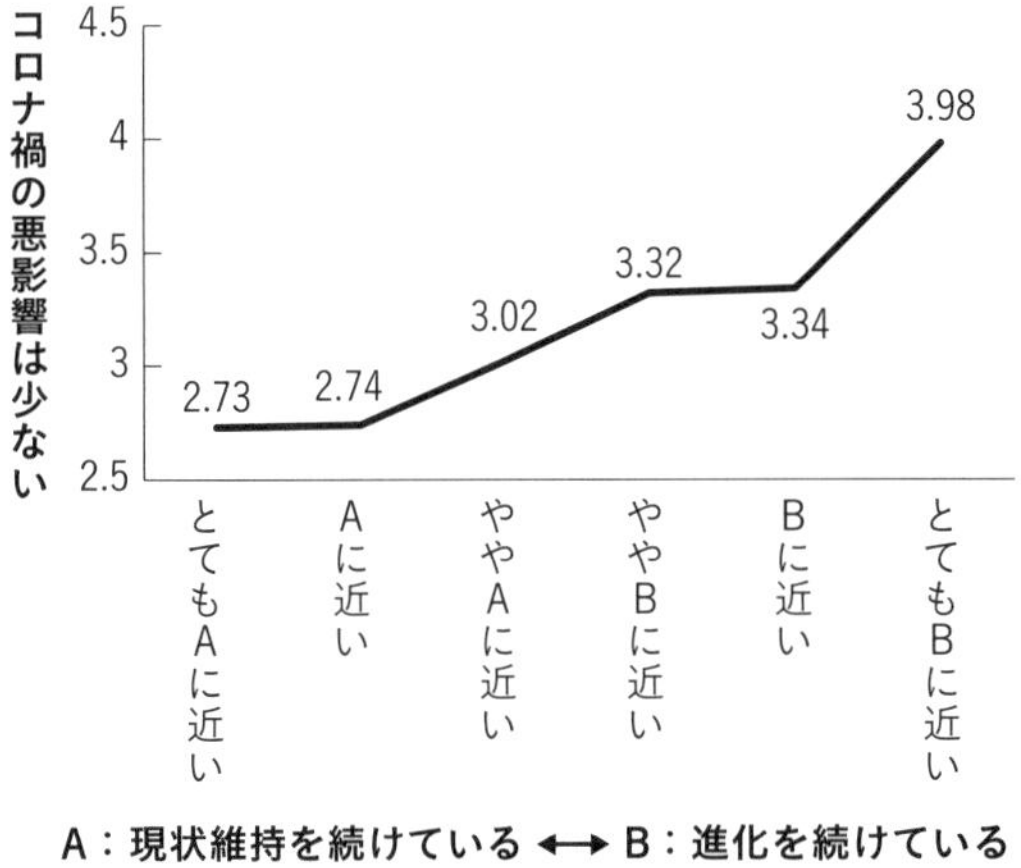

（注）数字は「コロナ禍の悪影響は甚大」1～「悪影響は少ない」6とした尺度の平均値
（出所）全国中小企業1000社調査（2020年）

かである。

現状維持型の企業は、今日のような不安定な時代に対応することが難しいということだろう。普段から進化を続けている企業は、コロナ禍のような外部環境の変化にも強い。

進化の重要性は、企業の業績データにも表れている。図表15－2を見てみよう。この図に示されている通り、進化を続けている企業の方が、現状維持型の企業と比較して、明らかに業績が良い。

図表15-2　進化を続けている企業ほど、業況は良い

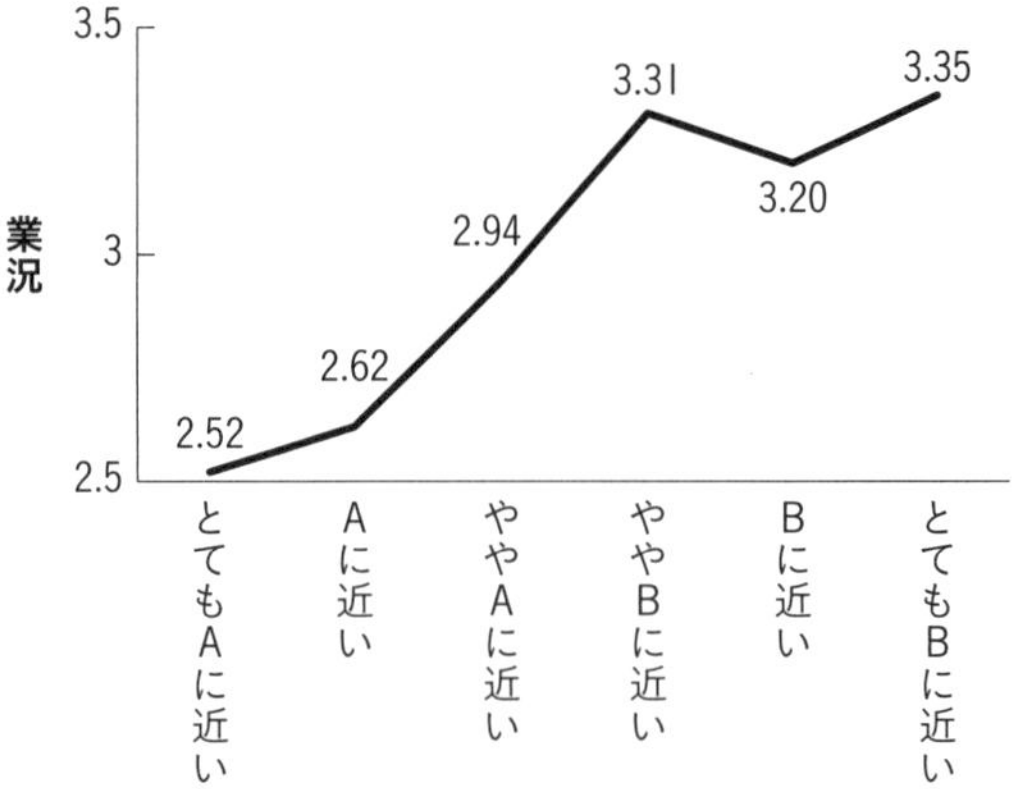

A：現状維持を続けている ⟷ B：進化を続けている

（注）業況は、「非常に不振」1～「非常に好調」7とした7ポイントスケール
（出所）全国中小企業1000社調査（2020年）

ブランドづくりは瞬発力ではなく、持続力

ブランドづくりで大切なのは、瞬発力ではない。持続力だ（図表15－3）。

とくに、ブランドづくりにおいては、ブームには気をつける必要がある。ブームは短期的な流行であり、終わるからブームなのである。かつて、「アップルブーム」「スターバックスブーム」「ルイ・ヴィトンブーム」はあっただろうか。

強いブランドは、決してブームには乗らない。ブームはつくらず、トレンドをつくる。アップルも、スターバッ

図表15-3　強いブランドは、ブームに乗らず、トレンドを見据える

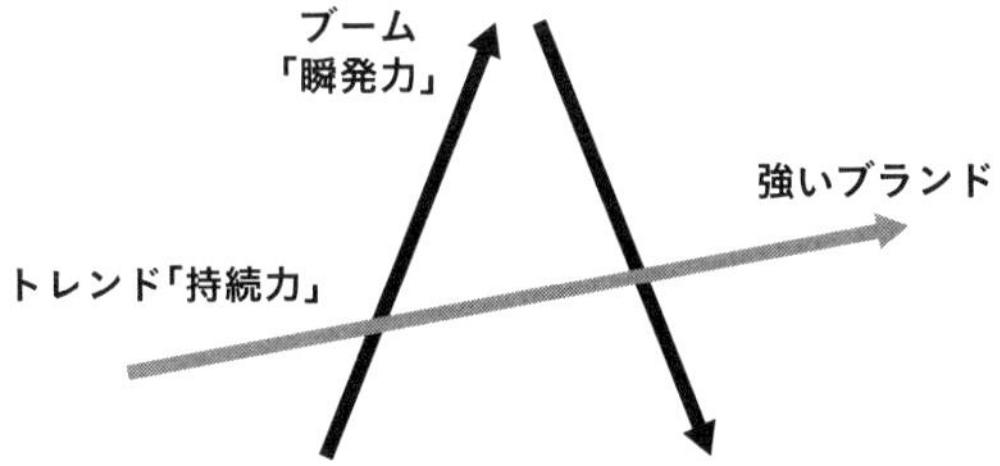

クスも、ルイ・ヴィトンも、トレンドをしっかり見据えて、進化を続けている。

だからこそ、強いブランドであり続けることができる。「ブランドは一日にして成らず」だ。アメーラの歴史は、進化の歴史でもある。今日、アメーラが、高糖度トマトを代表するブランドのひとつになれたのは、絶えず、進化とチャレンジを続けてきたからだろう。失敗は、学びに変え、次のチャレンジにつなげてきた。

「絶えず変化と進化をすること」（サンファーマーズの経営理念）

本書で取り上げたスペインでのアメーラの生産や、ヨーロッパでのブランドづくりのチャレンジも、進化の一環だ。

当初、アメーラは、温暖な静岡県の平坦地だけで生産されていた。だが、温暖地は夏場の暑い時期に生産量が減少して

しまう。通年の安定出荷が難しい。

「高冷地にも生産拠点を拡充しよう」

２００５年には長野県軽井沢で出荷を始め、その後、富士山の山麓エリアの高冷地にも産地を拡充している。今は、温暖な産地と高冷産地の連携によって、一年を通して安定した供給が可能になった。周年安定供給は、アメーラの強みのひとつになっている。

将来的には、さらなる温暖化を見込んで、高冷地での生産を拡充する計画も検討中だ。

「スペインで生産をして、ヨーロッパでブランドをつくろう」

そして今、国境を越えて、スペインに農場を展開している。スペインを拠点に、ヨーロッパに供給することが可能になった。

ヨーロッパへの進出は、大きなチャンスを生み出すとともに、大きなリスクを伴う挑戦だ。強い覚悟をもって、やりつづけることが必要だ。

チャレンジせずに成功したブランドはない

サンファーマーズの経営戦略の両輪である生産戦略（モノづくり）とブランド戦略（ブランドづくり）も、同時並行で進化を続けている。

チャレンジをせずに成功したブランドはない。進化をせずに成功したブランドもない。これからも、「最高品質の高糖度トマトでおいしさの感動をお届けします」というブランドアイデンティティはブレずに、チャレンジ精神をもって、進化と変化をつづけていくはずだ。

そのエネルギーとなるのは、「大きな夢」「危機感」「行動する勇気」「続ける覚悟」である。

国境を越えたブランドづくりに終わりはない。世界に目を向けて、チャレンジと進化を続けよう。

おわりに

アメーラというトマトが誕生して、今年で25周年になります。

1996年にベテラン農家とトマト研究者と商人の3人で栽培を始めたアメーラトマト。3人ともトマト生産の経験がなく、当初は安定した品質のトマトが作れず、失敗を何度も繰り返しました。

失敗を繰り返しても、妥協をしなかったのは、品質の高さです。

ようやく高品質の高糖度トマトがつくれるようになって、東京の市場をターゲットに、自信をもって出荷をしました。しかし当時は出荷量も少なく、マーケットからは全く相手にされず、安い値段で買い叩かれました。

「1円を削るコスト競争に限界を感じていた」（高橋章夫　サンファーマーズ初代社長）

ブランドを強く意識したのは、このようなスタート時の苦い経験があったからです。

私がサンファーマーズの皆様と一緒に、アメーラのブランドづくりを始めて16年ほどになります。ブランドづくりの連携をさせていただいている理由は、サンファーマーズの皆様の前向きなチャレンジ精神と行動力に惹かれていることと、もうひとつは、アメーラトマトが好きだからです。

私の好きな料理は、トマトソースのパスタです。ちなみに、アメーラ100％のトマトソースで作るパスタは、ちょっと贅沢ですが、甘味と酸味とうま味が調和した絶品の味です。

トマトソースのパスタを大好きになったきっかけは、亡き母がつくってくれるミートソースのスパゲティでした。

まだ、世の中にアメーラのような高糖度トマトがない時代、たっぷりのトマトケチャップで味付けされたスパゲティ。私の大好物でした。誕生日や、何か良いことがあったとき作ってくれました。おいしさの記憶は、何十年たっても忘れないものです。

母の私への口癖は、「人への感謝の気持ちを忘れずにね」でした。実家に帰るたびに、「周囲の人々への感謝」の大切さを伝えてくれました。

もともと観賞用の植物として栽培されていたトマトには、花言葉があります。それは、母の口癖と同じ「感謝」です。

この場を借りて、これまで私を支えてくれたすべての皆様に、感謝を伝えたいと思います。

サンファーマーズの皆様、アメーラトマトの生産者の皆様、スペインのラパルマの皆様との連携がなければ、本書は完成しませんでした。

そして、本書をお読みいただきました皆様に、心より感謝いたします。本書が、世界を目指したブランドづくりのチャレンジに、少しでもお役にたてたら幸いです。

日本から世界へ、ブランドづくりのタネをまき続けていきましょう。

岩崎邦彦

2021年11月

参考文献

相原修、嶋正、三浦俊彦『グローバル・マーケティング入門』日本経済新聞出版、2009年
新井紀子『AI vs. 教科書が読めない子どもたち』東洋経済新報社、2018年
アル・ライズ、ローラ・ライズ『ブランドは広告でつくれない 広告vs PR』翔泳社、2003年
石井清純、角田泰隆『禅と林檎 スティーブ・ジョブズという生き方』宮帯出版社、2012年
井深大『わが友本田宗一郎』ゴマブックス、2015年
岩崎邦彦『スモールビジネス・マーケティング：小規模を強みに変えるマーケティングプログラム』中央経済社、2004年
岩崎邦彦『小さな会社を強くするブランドづくりの教科書』日本経済新聞出版、2013年
岩崎邦彦『引き算する勇気：会社を強くする逆転発想』日本経済新聞出版、2015年
岩崎邦彦『地域引力を生み出す観光ブランドの教科書』日本経済新聞出版、2019年
ウォルター・アイザックソン、井口耕二訳『スティーブ・ジョブズⅠ・Ⅱ』講談社、2011年
エペ・フゥーヴェリンク（編著）、中野明正他（監訳）『トマト オランダの多収技術と理論―100トンどりの秘密』農文協、2012年
NHK NEWS WEB、WEB特集「スティーブ・ジョブズ「美」の原点」2021年7月1日
オイゲン・ヘリゲル『弓と禅』福村出版、1981年
大前研一『日本企業のグローバル戦略入門』プレジデント社、2016年
カーマイン・ガロ『スティーブ・ジョブズ 驚異のプレゼン』日経BP、2010年

垣内勇威『デジタルマーケティングの定石 なぜマーケターは「成果の出ない施策」を繰り返すのか?』日本実業出版社、２０２０年
クラリッサ・ハイマン『トマトの歴史』原書房、２０１９年
桑原晃弥『スティーブ・ジョブズ全発言』ＰＨＰ研究所、２０１１年
小田部正明、栗木契、太田一樹（編著）『１からのグローバル・マーケティング』碩学舎、２０１７年
榊原英資『食がわかれば世界経済がわかる』文藝春秋、２００８年
島谷泰彦『人間 井深大』講談社、２０１０年
シルヴィア・ジョンソン（著）、金原瑞人（訳）『世界を変えた野菜読本―トマト、ジャガイモ、トウモロコシ、トウガラシ』晶文社、１９９９年
ＪＥＴＲＯ「世界は今―JETRO Global Eye：甘いトマトはお好きですか?：日本のブランド野菜をスペインで作る!―」https://www.jetro.go.jp/tv/internet/2019/04/c585c430cda10142.html
ジョン・パウエル『ドビュッシーはワインを美味にするか? 音楽の心理学』早川書房
鈴木透『食の実験場アメリカ：ファーストフード帝国のゆくえ』中央公論新社、２０１９年
生協総合研究所『ミグロとコープ・スイス：スイスの二大生協比較』生活総研レポート第84号、２０１７年
高橋書店編集部（編）『思わず話したくなる ロゴの秘密』高橋書店、２０１３年
立石泰則（編著）『井深大とソニースピリッツ』日本経済新聞社、１９９８年
田村正紀『ブランドの誕生―地域ブランド化実現への道筋』千倉書房、２０１１年
中小企業庁編『中小企業白書（２０１９年版）』、２０１９年
デイヴィッド ヒューム『人間本性論 第2巻〈普及版〉：情念について』法政大学出版局、２０１９

年
日経デザイン（編）『無印良品のデザイン』日経BP、2015年
日本政策金融公庫総合研究所編『中小企業を変える海外展開』同友館、2013年
ハーマン・サイモン『グローバルビジネスの隠れたチャンピオン企業』中央経済社、2015年
ハワード・シュルツ、ドリー・ジョーンズヤング『スターバックス成功物語』日経BP、1998年
フィル・ナイト『SHOE DOG（シュードッグ）』東洋経済新報社、2017年
藤本浩司、柴原一友『AIにできること、できないこと、ビジネス社会を生きていくための4つの力』日本評論社、2019年
本田宗一郎『得手に帆あげて』光文社、2014年
松尾豊『人工知能は人間を超えるか ディープラーニングの先にあるもの』KADOKAWA、2015年
松浦祥子（編）『グローバル・ブランディング』碩学舎、2014年
松山大耕『ビジネスZEN入門』講談社、2016年
三浦俊彦、丸谷雄一郎、犬飼知徳『グローバル・マーケティング戦略』有斐閣、2017年
森健二『ソニー盛田昭夫〝時代の才能〟を本気にさせたリーダー』ダイヤモンド社、2016年
盛田昭夫他『MADE IN JAPAN―わが体験的国際戦略』朝日新聞出版、1987年
ライオネル・セイラム『誰かに教えたくなる世界一流企業のキャッチフレーズ』クロスメディア・パブリッシング、2013年
レイ・A・クロック、ロバート・アンダーソン『成功はゴミ箱の中に レイ・クロック自伝―世界一、億万長者を生んだ男マクドナルド創業者』プレジデント社、2007年
柳井正『一勝九敗』新潮文庫、2006年

著者略歴

岩崎 邦彦（いわさき・くにひこ）

静岡県立大学経営情報学部教授・学長補佐・地域経営研究センター長。専攻は、マーケティング。とくに、地域に関するマーケティング問題を主な研究テーマとしている。これらの業績により、日本観光研究学会賞、日本地域学会賞、世界緑茶協会Ｏ－ＣＨＡパイオニア学術研究大賞、商工総合研究所中小企業研究奨励賞などを受賞。著書に、『地域引力を生み出す 観光ブランドの教科書』『小さな会社を強くするブランドづくりの教科書』『農業のマーケティング教科書：食と農のおいしいつなぎかた』『小が大を超えるマーケティングの法則』『スモールビジネス・マーケティング』『引き算する勇気』などがある。

世界で勝つブランドをつくる

なぜ、アメーラトマトはスペインで最も高く売れるのか

2021年12月1日　1版1刷

著　者　岩崎邦彦

発行者　白石　賢

発　行　日経BP
日本経済新聞出版本部

発　売　日経BPマーケティング
〒105-8308　東京都港区虎ノ門4-3-12

装　幀　藤田美咲

ＤＴＰ　マーリンクレイン

印刷・製本　シナノ印刷

ISBN978-4-532-32447-6